Spiritualità 9

MARIO LÓPEZ BARRIO SJ

"Il giusto vivrà mediante la fede"

L'AT nella lettera ai Romani

Pontificia Università Gregoriana
Pontificio Istituto Biblico

Layout: Yattagraf srls

Cover: Serena Aureli

© 2017 Gregorian & Biblical Press
Piazza della Pilotta 35, 00187 - Roma
www.gbpress.org - books@biblicum.com

ISBN 978-88-7839-**367**-7

I testi non sono inerti; essi bruciano e lanciano frammenti di fiamme nel suo crescente calore. Spesso noi riusciamo a contenere l'energia, però a volte le scintille scappano e infiammano nuovi fuochi, riprese dal fuoco originale[1].

---

[1] *"Texts are not inert; they burn and throw fragments of flame on their rising heat. Often we succeed in containing the energy, but sometimes the sparks escape and kindle new blazes, reprises of the original fire"*: R. HAYS, *Echoes of Scripture in the Letters of Paul.* Yale University Press, New Haven & London, 1989, 33. La traduzione di questa e del resto delle citazioni, nel presente lavoro, sono state fatte da Mario López Barrio.

PRESENTAZIONE

Ogni cammino per realizzare un libro è come se fosse un *pellegrinaggio*, in cui l'Autore mette in gioco la sua originalità nell'incontrare un oggetto specifico del proprio riflettere ed argomentarlo in maniera creativa ed originale.

Quando questa riflessione ha come oggetto il *Tu relazionale* della Parola, il Logos divino-umano, l'analisi e la stesura redazionale donano al Lettore le risonanze di un fecondo incontro tra il dinamismo, la fecondità della Parola divina e l'accoglienza credente, scientifica e contemplativa di colui, che presenta con gioia ed umiltà il frutto del proprio essere stato il *mâqôm qadosh*, il *luogo santo*, dove questa Parola ha messo la Sua dimora.

Nel caso specifico Padre Mario López Barrio, S.I., in questa Sua nuova opera ci dona la Sua riflessione originale, puntuale e competente, relativa alla valenza della presenza dell'Antico Testamento all'interno della Lettera ai Romani di Paolo, che, come sappiamo, rappresenta lo scritto più importante di tutto il *Corpus paulinum*, redatta intorno al 57-58 d.C.

Lo studio, attraverso una interessante e penetrante analisi esegetico-teologico, conduce il lettore a condividere il back-ground di Paolo che, come Dottore della Legge, sa illuminare il Primo Testamento nella luce del πλήρωμα di Cristo sentendo profondamente ciò che Gesù dice in Mt 5,17: *non sono venuto ad abolire la legge ma a darle compimento* (Μὴ νομίσητε ὅτι ἦλθον καταλῦσαι τὸν νόμον ἢ τοὺς προφήτας· οὐκ ἦλθον καταλῦσαι ἀλλὰ πληρῶσαι).

Paolo ci dona così, come l'Autore giustamente sottolinea, il suo pensiero forgiato e maturato in un cammino di sinergia con la tradizione e la teologia del Primo Testamento, che emerge sempre più con forza e peculiarità nella sua originalità, creatività e fecondità in quella logica ermeneutica della *continuità e discontinuità*, che si focalizza nel vertice della famosa espressione di Rm 13,10: *pieno compimento della legge è l'amore* (πλήρωμα οὖν νόμου ἡ ἀγάπη).

Lo studio dell'Autore si presenta come una attenta analisi esegetico-teologico di tutte le ricorrenze, allusioni ed eco veterotestamentarie, depositate ed interpretate dall'Apostolo delle Genti alla luce della piena rivelazione di Cristo e con la sua portata e valenza salvifica all'interno della storia della salvezza.

Questa analisi puntuale e sagace avviene sempre attraverso un significativo approccio sincronico nell'individuare e presentare i testi veterotestamentari per poi, analizzarli e presentarli attraverso il metodo diacronico della Tradizione.

In questa luce, con chiarezza e precisione, il testo fa riferimento alle 51 citazioni veterotestamentarie presenti nella lettera ai Romani, rispetto alle 89 presenti nella complessità delle Lettere paoline; attraverso l'approccio intertestuale le accoglie facendo un commento di alcune di queste più significative e rappresentative, evidenziando come Paolo, secondo l'originalità del suo pensare e sentire teologico, trovi in queste parole sacre, le espressioni più adeguate per comunicare il messaggio della giustificazione salvifica di Dio nei confronti di Israele ai suoi destinatari.

Lo studio si suddivide schematicamente in una prima sezione, in cui l'Autore analizza i capitoli 1-4 di Romani, sottolineando le citazioni più significative, a partire da quella di Abacuc 2,4 sul *giusto che vivrà per la fede* fino ad arrivare al capitolo 4 con la figura di Abramo, la cui *giustizia è basata sulla fede* (cf Gen 15,6).

Nella seconda sezione, che si concentra nei capitoli 5-8 in una prospettiva più prettamente soteriologica, lo studio sottolinea più specificatamente come la dimensione teologica della speranza sia più evidenziata da Paolo; in questo contesto l'Autore delinea come l'immagine dello Spirito riversato, che viene all'Apostolo dal testo di Gl 3, 1-2, aiuti ad illuminare le citazioni presenti in questa sessione, dove quella del Sal 44,22 diventa una autentica confessione cristiana.

Nella terza sessione, racchiusa nei capitoli 9-11 della Lettera, l'Autore ci ricorda come in questa parte della lettera siano presenti gli scritti più caratteristici ed interessanti del cristianesimo nascente.

Troviamo anche una attenta e profonda riflessione relativa alla funzione storico-salvifica del popolo di Israele, compiuta attraverso il riferimento alle diverse suppliche collettive post-esiliche, di cui un riferimento esemplare chiaro, è la preghiera di Azaria in Dn 3.

La presenza dell'Antico Testamento è forte, intensa e frequente, non solo nella formulazione scritturistica, ma anche nella descrizione dello sviluppo storico dei fatti riportati attraverso la forte ed incisiva valenza tipologica dei testi stessi.

La quarta sessione, racchiusa dai capitoli 12,1-15,13, è caratterizzata da tre motivi etici integrati reciprocamente, che raggiungano il vertice dell' ἀγάπη nella sua portata fondamentale escatologica e nel criterio *del fare il bene ed evitare il male*, l'Autore ricorda il forte riferimento al testo di Lv 19,18, e marginalmente ai testi del Pentateuco, dei Profeti e degli Scritti: l'amore del prossimo, che rimanda all'espressione dell'amore originario e gratuito di Cristo e di Dio per gli uomini, l'amore che permette a Paolo di giungere alla sua mirabile sintesi, già citata: πλήρωμα οὖν νόμου ἡ ἀγάπη (Rm 13,10).

Nella conclusione, compresa in Rm 15,14-16,27, possiamo dire che *l'epistola* diventa più *lettera* con un forte contributo autobiografico di "primo ordine".

Affidiamo, allora, questo interessante e prezioso studio di Padre Mario López Barrio, S.I., al lettore, convinti che potrà essere di grande aiuto a tutti coloro che, alla scuola di Paolo, *scriba che divenuto discepolo del regno dei cieli è simile ad un padrone di casa che estrae dal suo tesoro cose nuove e cose antiche* (cf Mt 13,52). Vogliano ancora più fortemente sperimentare come attraverso il sentire teologico dell'Apostolo si realizzi in modo originale il monito di Gesù, *che non è venuto ad abolire ma a dare compimento alla Torah* (cf Mt 5,17), al deposito della Parola rivelata del Primo Testamento e come questa possa essere luce e guida per il cammino credente di oggi, convinti profondamente, che *il giusto vivrà per la fede* (ὁ δὲ δίκαιος ἐκ πίστεως ζήσεται) (cf Rm 1,17 e Ab 2,4).

Don Fabrizio Pieri
Prof. Ord. Istituto di Spiritualità
Pontificia Università Gregoriana

INTRODUZIONE[1]

I. Paolo

La prima nota da considerare all'inizio di uno studio sull'Apostolo Paolo è la sua *attualità*. È chiaramente un personaggio che ha molto da dire a noi, credenti di questo tempo. La sua testimonianza di totale dedizione al Signore e alla sua Chiesa è piena d'ispirazione. Con la sua *visione universalistica* è un "uomo di tre culture", perchè di matrice giudaica, cresciuto nella lingua e cultura greca, senza dimenticare la sua prerogativa di "civis romanus", con la conseguente influenza di alcuni filosofi stoici.

Paolo è un uomo appassionato, un'anima innamorata di Cristo, affascinata dalla luce del Vangelo, da una convinzione profonda: portare al mondo la luce di Cristo, annunciare il Vangelo a tutti.

Sulla via di Damasco succede qualcosa di straordinario, avviene una svolta, *un capovolgimento* di prospettiva. Cominciò a considerare "perdita" e "spazzatura" tutto ciò che prima costituiva per lui il massimo ideale. Il successo di Damasco non fu per Paolo un fatto di conversione, ma di *un incontro*: il Cristo risorto si fa vedere ('appare') a lui, di un modo inaspettato, come una luce splendida, che gli parla. Tale

---

[1] A proposito dell'espressione "L'Antico Testamento": fra alcuni specialisti moderni, c'è l'opinione che si dovrebbe dire piuttosto "il Primo Testamento", per evitare ciò che potrebbe essere il significato di una realtà già superata, con l'arrivo del tempo nuovo messianico. Non s'intende in questo lavoro tale significato, bensì riconoscere ad ogni Testamento il proprio valore. La rivelazione da Dio è concessa a noi in due momenti o tappe storiche, che bisogna avere sempre presente, per apprezzarne il proprio tesoro. Cf. M. GRILLI, *Una Bibbia, due Testamenti*. San Paolo, 2010, 5-11. Sull'espressione "storia della salvezza", bisogna ricordare quanto sia apprezzata dai nostri fratelli protestanti, p. e., Oscar Cullmann (cf. S. LYONNET, S. J., *Les étapes du l'histoire du Salut selon l'épitre aux Romains*. Cerf, Paris 1969, 9), presa anche dal Concilio Vaticano II (*Dei Verbum* 2).

incontro trasforma totalmente il suo pensiero e la sua stessa vita. La luce splendente del Risorto lo rende subitamente cieco.

Da questo momento in poi, *la morte e la risurrezione di Gesù* e le sue 'apparizioni' ai testimoni diventano *il fondamento* del suo apostolato e della sua nuova vita. Paolo ha trovato il Signore Gesù, o meglio, è stato trovato da Lui; ormai lo ha conosciuto. E così, distingue due modi di conoscere Gesù: conoscere "secondo la carne": in modo solo esteriore, e quello interiore, personale, esperienziale, che tocca il cuore (sappiamo che solo col cuore si conosce veramente una persona). Per Paolo sarà anche importante, in questa conoscenza, la tradizione attestata nei Vangeli sinottici.

Per l'Apostolo, il Risorto è sempre quello che prima è stato crocifisso. La risurrezione non è un avvenimento a sé stante, disgiunto dalla morte. Anche da Risorto porta le sue ferite. Nel testo di 2Cor 5,14-21, ci presenta una mirabile sintesi della sua teologia della croce.

Il dramma della Croce ha posto un problema alla fede cristiana: per essere risolto, era necessario l'evento della resurrezione. Da sola la Croce non si potrebbe spiegare la fede cristiana, che rimarrebbe solo una tragedia e un'assurdità. Il mistero pasquale è contenuto nel fatto che quel Crocifisso è risorto il terzo giorno secondo le Scritture (1Cor 15,4). L'intero insegnamento dell'apostolo Paolo parte *dal* e arriva sempre *al* mistero di Colui che è stato risuscitato dalla morte. *La teologia della Croce* non è una teoria: è *la realtà della vita cristiana*, lontana dalla comodità, è come una scalata esigente.

Come si può sperimentare nelle sue Lettere, Paolo non era solo un teologo, un missionario, ma anche un uomo di preghiera, di comunione con il Mistero di Cristo; egli prega per le comunità, nelle diverse situazioni e circostanze. La Teologia Biblica dovrebbe andare alla radice dei diversi contesti, delle affermazioni o dei testi espressi[2].

---

[2] Paolo non era un teologo *sistematico*, aveva una teologia ricca del proprio pensiero, delle proprie esperienze di credente e apostolo, come chiarisce SANDERS: "Paul was a theologian in that he reflected on his own gospel, but that he was not a *systematic* theologian, not even when he wrote Romans. His theology is not his religion, but his own effort to express it in the circumstances which the various letters reflect. Further, I view Paul as a *coherent* thinker, despite the unsystematic nature of the thought and the variations in formulation": *Paul and Palestinian Judaism*. SCM Press Ltd, London 1977, 433.

II. Lettera ai Romani

Senza dubbio, la più importante fra le lettere paoline; la più ricca e meglio strutturata, dal punto di vista dottrinale. Nella storia dell'esegesi, il suo testo ha avuto sempre un posto privilegiato, come ad esempio, il documento basilare per la Riforma di Lutero. Si calcola, come data della sua composizione, l'anno 57 o 58[3].

La natura della lettera rimane enigmatica: gli specialisti si domandano se è un trattato, una vera lettera o uno scritto 'di circostanza'. Per molti studiosi, è una *lettera-trattato*, uno scritto dottrinale sotto forma di lettera aperta[4].

Sono Galati e Romani gli scritti dove si trovano i così detti 'temi maggiori' della teologia paolina: giustificazione e salvezza, legge mosaica e fede cristiana, valore profetico della figura di Abramo, etc. La prima, si può dire, era stata scritta in tono emozionale, la seconda in un'atmosfera di calma e con un'intenzione didattica.

Alcuni hanno voluto valutarla come una "summa theologica", considerando il suo carattere atemporale, di forte accento dottrinale, con abbondanza di formule retoriche. Non è un sommario della dottrina cristiana, ma è l'esposizione di ciò che Paolo chiama "il suo vangelo" (2,16; 16,25), ossia il lieto annuncio ai pagani.

---

[3] È eloquente l'affermazione di R. E. Longenecker, in questo senso: "It has been, in fact, the most highly acclaimed writing of the NT throughout the entire course of Christian history. It is so because it has been, in vary large measure, the heartland of Christian thought, life, and proclamation": *The Epistle to the Romans*. Nigth, Eerdmans, Grand Rapids, Michigan 2016, xi; e J. Fitzmyer ancora: "one can almost write the history of Christian theology by surveying the ways in which Romans has been interpreted": *Romans: A New Translation with Introduction and Commentary*. AB; New York: Doubleday, 1993, xiii.

[4] Si veda, per una maggior informazione, su questo punto, l'Introduzione alla Lettera, in: La Bibbia TOB, Nuova Traduzione CEI. Edit. Elledici, 2008; R. Longenecker *Introducing Romans. Critical Issues in Paul's Most Famous Letter*. Eerdmans, Grand Rapids, Michigan, 2011, 94-110. Si deve riconoscere, tuttavia, che questa Lettera è la più difficile fra le lettere paoline, come attesta Francesca Cocchini, nell'Introduzione al Commento di Origene, tradotto da lei stessa, facendo riferimento alla considerazione proposta dello stesso Origene: "la lettera ai Romani è la più difficile tra quelle scritte dall'apostolo perché il linguaggio è contorto, confuso, oscuro e perché le questioni in essa affrontate danno modo agli eretici di trovare appoggio per le loro dottrine, in particolare quelle concernenti la natura degli uomini e il libero arbitrio": *Commento alla Lettera ai Romani, Libri I-VII*, Introduzione, Marietti, Casale Monferrato 1985, XIX.

Senza una menzione esplicita, il tema della Chiesa sembra l'orizzonte verso cui concorrono le linee essenziali del pensiero contenuto nella Lettera[5]. La comunità cristiana di Roma si trovava minacciata dalla divisione fra i giudei-cristiani e i pagani convertiti. In questo contesto si può vedere l'importanza di 15,7 (che, secondo la Bibbia CEI, sarebbe l'apice della Lettera[6]): *Accogliete gli uni agli altri, come Cristo vi ha accolto, per la gloria di Dio.*

Possiamo individuare due parti chiaramente distinte: una dottrinale (1-11) e l'altra esortativa o parenetica (12-16). In una visione d'insieme del progetto la Lettera, con la Bibbia CEI, descrive la miseria dell'umanità e la vittoria finale del Vangelo su di essa, in quattro fasi (che riguardano la prima parte, 1-11)[7]:

1. Miseria di pagani e giudei sotto la condanna divina (1,18-3,20) e giustificazione, mediante la grazia di Gesù Cristo di tutti coloro che credono in lui (3,21-4,25).
2. Miseria dell'umanità solidale col primo Adamo (5,1-14) e sua salvezza grazie alla solidarietà con Gesù Cristo.
3. Miseria dell'umanità schiava della Legge[8] (7,1-25) e sua liberazione per mezzo dello Spirito (8,1-39).
4. Miseria di Israele nel suo rifiuto di Cristo (9,1-10,21) e acceso finale alla salvezza del nuovo Israele composto da Ebrei e da pagani (11,1-36).

Per descrivere questa miseria e salvezza, Paolo utilizza quattro terminologie di natura e origine diverse: *"giuridica* per la prima, *sacramentaria* per la seconda, *spirituale* per la terza e *storica* per l'ultima"[9]. Egli non fa una presentazione astratta, bensì elabora una risposta ai problemi ec-

---

[5] Per un'esposizione più ampia sull'Ecclesiologia delle Lettere paoline, si può vedere J.-N. Aletti, S. J., *Eclesiología de las cartas de san Pablo*. Verbo Divino, Estella (Navarra), 2010.

[6] Bibbia CEI, op. cit., 2568.

[7] Cf. Bibbia CEI, nelle note introduttorie alla Lettera, 2569s.

[8] Laddove si parla sulla Legge, nel testo paolino, bisogna fare attenzione al contesto, per distinguere bene il significato. Succede spesso che si comprenda "Legge" come un sinonimo della Torà, e ciò sarebbe una riduzione, perché la Torà ha il significato più ampio d'istruzione, insegnamento, non di un codice legale; tenta di ispirare un *ethos*, un modo di vivere. Cf. a questo proposito, M. Grilli, *Una Bibbia, due Testamenti*, op. cit., 52. Il problema della Legge, per Paolo, non è la Legge stessa, ma un'interpretazione sbagliata, nomistica, della Legge, che sarà proprio quello che ha reso la Legge schiavizzante.

[9] Bibbia CEI, op. cit., ibid.

clesiali specifici dei destinatari. Perciò, è un'esposizione teologica e apologetica del vangelo paolino proclamato ai gentili, offerto ai cristiani di Roma, per aiutarli a superare i dubbi e preoccupazioni, per approfondire teologicamente aspetti che sembravano problematici e rispondere a questioni importanti, come il destino di Israele, del suo popolo eletto.

Nel mondo antico, la società era frammentata, ossia composta da greci e barbari, cittadini romani e non-romani, liberi e schiavi, uomini e donne; senza dubbio un ostacolo all'evangelizzazione era la frattura esistente fra giudei e gentili di origini diverse sia etnica che storico-culturale e religiosa.

Nel mondo gentile, era molto diffuso l'anti-giudaismo. Cicerone, per esempio, chiamava la religione ebraica "superstizione barbara", e riteneva, con disprezzo, che sia i giudei che i siriani, erano nati per essere schiavi[10].

La testimonianza di Lutero è sempre degna di essere valutata:

> Questa epistola è il vero brano principale del NT, il Vangelo più puro e bisognerebbe che il cristiano non solo la sapesse a memoria parola per parola, ma la leggessi quotidianamente, come il pane quotidiano dell'anima. Quindi mai può essere sufficientemente letta o ponderata; e più si la studia più diventa preziosa e appetibile": *Prefazione alla Lettera ai Romani*[11].

Nella Lettera convergono diversi generi letterari e retorici: l'epistolografico, la diatriba, il midrashico, l'apocalittico, il confronto, la prosopopea o personificazione, e altri generi minori, come l'elenco dei vizi, l'esortativo, la parodia. Siamo di fronte ad un "vangelo epistolare".

---

[10] Per conoscere altri autori di questo pensiero, leggere G. BARBAGLIO, *La Teologia di Paolo*, EDB, 535.

[11] M. LUTERO, *La Lettera ai Romani (1515-1516)*. Ed. Paoline, Torino 1991. E ancora, alla fine della stessa Prefazione, Lutero completa: "[...] sembra pure che San Paolo abbia voluto riassumere di una volta brevemente tutta la dottrina cristiana ed evangelica e facilitare l'acceso a tutto l'Antico Testamento. Perchè, senza dubbio, chi ha preso radicalmente quest'epistola nel cuore, possiede in sè la luce e la forza dell'Antico Testamento. Perciò, ogni cristiano deve familiarizzarsi ed esercitarsi permanentemente in essa. Per quello le conceda Dio la sua grazia. Amen". Queste due citazioni si trovano anche in: M. LUTERO, *Prefazione alla Bibbia*, a cura di M. Vannini, Genova 1987, 146, 158.

L'intenzione di questa Lettera è offrire il Vangelo, "potenza di Dio", all'uomo che si trova in mezzo ai dubbi, alle tenebre, che s'interroga sul senso e sulla finalità del vivere su questa terra, che sperimenta il peso del peccato e della debolezza umana, quando si crede perduto di fronte alla propria impotenza, nonostante le proprie sincere intenzioni.

Paolo è riuscito a fare un'elaborazione personale del vangelo primitivo con una propria ermeneutica, dove dimostra la sua genialità, ed è per questo che le Lettere Paoline sono state giustamente chiamate *hermeneutical events*[12].

Per quanto riguarda l'*uso della Scrittura*, la sua ermeneutica risulta persino scandalosa alle orecchie dei suoi contemporanei[13]. Contro la tentazione di fermarsi nella semplice ripetizione di ciò che è stato detto o accettato, ci sono stati sempre teologi e pensatori che, come Paolo, esprimono creativamente le proprie opinioni. A questo riguardo, si può ricordare la testimonianza di A. Schweitzer:

> Paolo ha assicurato per sempre nel cristianesimo il diritto di pensare [...]. Egli non è un rivoluzionario. Parte dalla fede della comunità, ma non ammette di doversi fermare dove quella finisce [...]. Egli fonda per sempre la fiducia che la fede non ha nulla da temere dal pensiero [...]. Paolo è il santo protettore del pensiero nel cristianesimo!: Albert Schweitzer[14]. "Se la fede non viene pensata, è come se non ci fosse": S. Agostino ("fides, si non cogitetur, nulla est")[15].

Come sostiene Maggioni, l'uso della Scrittura, da parte di Paolo, evidenzia una profonda e ampia conoscenza della stessa Scrittura:

> Paolo utilizza per la comprensione del mistero di Cristo e dell'esistenza cristiana la sua ampia e profonda *conoscenza delle Scritture*. L'espressione "secondo le Scritture" indica un metodo indispensabile per ogni corretta teologia, metodo che Paolo utilizza con rara competenza: è solo mediante lo strumento delle Scritture che la storia di Gesù diventa intelligibile e dischiude il suo significato di salvezza[16].

---

[12] R. Hays, *Echoes of Scripture in the Letters of Paul*. Yale University Press, London 1989, 9.

[13] Condivido quest'opinione, espressa da R. Hays, nella sua opera *Echoes of Scripture in the Letters of Paul*, op. cit., 2.

[14] Citato da R. Penna, in: *Paolo e la Chiesa di Roma*. Paideia, Brescia 2009, 23.

[15] *De praedestinatione sanctorum* 2,5; PL 44, 963

[16] B. Maggioni, *Il Dio di Paolo*. Ediz. Paoline, Milano 2008, 100.

Infatti, l'uso dell'AT, da parte degli autori del NT, costituisce un tema che ha interessato in ogni tempo i cristiani. Tale uso non è stato sempre omogeneo, bensì assai diverso[17]. Secondo Origene, l'AT offre a Paolo un appoggio di autorità, che garantisce il valore della sua argomentazione[18].

Il versetto 14 del primo capitolo presenta un principio fondamentale, che sarebbe programmatico, nella prassi di Paolo: *Io sono in debito verso i greci come verso i barbari, verso i sapienti come verso gli ignoranti*: 1,14. Possiamo dire che Paolo concentra la sua attenzione, sui barbari e sugli ignoranti quasi come fossero i suoi destinatari prediletti.

Sembra che l'uso del singolare "chiesa", a proposito di Roma, sia solo metodologico, poiché propriamente non corrisponde allo stato effettivo delle cose. C'è stata fatta la domanda se si tratta di una o di diverse "chiese", ossia diverse comunità dei credenti a Roma.

La vera novità nel messaggio di Paolo è la figura di Cristo, che rende problematico il concetto della tradizione giudaica sull'alleanza inaugurata da Dio. Nella concezione paolina, la cosa più importante per i credenti in Cristo non è tanto una prassi cultuale quanto una vita nella comunione e nell'agape.

Sulla Lettera ai Romani abbiamo il primo commento completo, fra gli scritti del NT, realizzato dall'alessandrino Origene, verso il 243. Da allora ad oggi, gli studi e i commenti di si sono moltiplicati di un modo straordinario, e ciò dimostra l'enorme importanza di questo scritto paolino, per la fede, per la teologia e per la spiritualità cristiana.

Sull'origine e provenienza dei primi cristiani a Roma, non ne sappiamo molto. Comunque il modo di argomentare di Paolo, appog-

---

[17] Così sostiene R. LONGENECKER, "Sometimes the NT's use of the OT has been an embarrasment (as with Marcion and his followers); at times the OT has been treated in an allegorical fashion (as with Origen and the Alexandrian interpreters); frequently it has been understood in a historical fashion (as with Chrysostom and the Antiochean interpreters); and most often it has been used in a devotional manner (as by many Christians down through the centuries and today). Critical biblical scholarship of the nineteenth and twentieth centuries, however, was always interested in the use of the Jewish (OT) Scriptures by the NT authors": *Introducing Romans*, op. cit., 236.

[18] "l'apostolo infatti non riterrebbe sufficiente l'autorità delle proprie parole e pertanto cercherebbe di dimostrare come quanto va dicendo si trovi già scritto nella legge e nei profeti": ORIGENE, *Commento alla Lettera ai Romani, Introduzione*, op. cit., XXVII.

giandosi nelle Scritture (*probatio ex Scripturis*), indica che la composizione della comunità era di giudeo-cristiani.

In sintesi, Romano Penna, a proposito della composizione de la comunità romana, dice:

> Per la metà del I secolo risulta la fisionomia di una Chiesa dalle seguenti caratteristiche: di origine non strettamente apostolica, di impronta dottrinale giudeo-cristiana, composta da gruppi diversi di fatto autonomi, organizzata in una struttura certamente non clericale e certamente imbrigliata da maglie istituzionali molto leggere, fortemente orientata verso quella che potremmo chiamare l'ortoprassi della carità, a cui Paolo ulteriormente la richiama, sottolineando però insieme il dato previo e fondamentale della libertà dalla legge derivante dalla sola fede[19].

Per quanto riguarda la *Critica testuale*, abbiamo solo due varianti significative: l'omissione del toponimo "Roma" nei due complementi iniziali di 1,7; lo spostamento della lunga dossologia finale, attestato diversamente. Si offrono queste possibilità: alla fine del capitolo 14; alla fine sia del capitolo 14 e del capitolo 16; alla fine del capitolo 14 e del capitolo 15; solo alla fine del capitolo 15 (o addirittura la dossologia viene semplicemente omessa).

L'*euaggélion* sarebbe il motivo più adatto per definire l'intero argomento della Lettera, tenendo conto della sua tematica: L'annuncio costituisce tutto il vanto dell'Apostolo; l'offerta dell'intera lettera è un'ampia riflessione ermeneutica sull'annuncio cristiano e sui vari aspetti del suo contenuto e della sua efficacia[20].

La Lettera ai Romani, in parole di Wright[21], è "una composizione sinfonica", perché i temi non sono sviluppati in una ripresa, ben-

---

[19] R. PENNA, *Lettera ai Romani*. EDB, Firenze 2010, Introduzione p. XXXIV-XXXV.

[20] Ciò che Paolo annuncia nella Lettera è proprio il suo "Vangelo", di cui il tema principale è l'azione salvifica di Dio in Gesù Cristo, come afferma SANDERS: "The main theme of Paul's gospel was the saving action of God in Jesus Christ and how his hearers could participate in that action… The principal word for that participation is 'faith' or 'believing', a term which Paul doubtless took over from the earlier Christian missionaries": *Paul and Palestinian Judaism*, op. cit., 447.

[21] N. T. WRIGHT, "[…] a symphonic composition: Themes are stated and developed, recapitulated in *different* keys, anticipated in previous movements and echoed in subsequent ones […]": "The Letter to the Romans", in: *The New Interpreter's Bible, Vol X*. Abingdon Press, Nashville, 2002, 396.

sì in differenti momenti e chiavi, lungo tutta la Lettera. Comunque, per quanto riguarda la sua struttura generale, si possono individuare quattro sezioni principali: capitoli 1-4; 5-8; 9-11; 12-16[22].

Seguendo Wright, possiamo considerare come un sommario del pensiero paolino nella Lettera i seguenti paragrafi[23]:

Capitoli 1-4: Il vangelo di Dio svela il fatto che nel Messia, Gesù di Nazaret, il Dio di Israele è stato fedele all'alleanza stabilita con Abramo. Di fronte a un mondo in ribellione e a un popolo eletto infedele al suo incarico, Dio ha [...] creato una famiglia per Abramo –cioè, giudaica e gentile-, segnata per il segno di fede dell'alleanza.

Capitoli 5-8: Dio ha stabilito l'alleanza per risolvere il problema, espresso in termini biblici come il peccato di Adamo. Nel Messia, Gesù, Dio ha fatto per questo nuovo popolo ciò che aveva fatto per l'antico Israele in compimento alla promessa ad Abramo: Redenti dall'Egitto, dalla schiavitù del peccato, loro sono stati condotti attraverso il deserto della vita presente per lo Spirito (non per la Torah), loro guardano avanti verso l'eredità, che consisterà nella intera creazione redenta.

Capitoli 9-11: Questa sezione risalta la tragedia peculiare della rivelazione del vangelo della giustizia di Dio, cioè il fallimento d'Istraele di credere nel Messia. Anche questo, risulta essere uno dei propositi di Dio, perchè la morte di Gesù è il mezzo per la salvezza del mondo intero. Questo non significa che i giudei siano esclusi dal partecipare alla benedizione dell'alleanza; Paolo stesso ne è un esempio e Dio desidera che tutti i giudei possano un giorno partecipare come membri alla nuova alleanza. I cristiani gentili, dunque, sono ammoniti severamente contro una arroganza anti-giudaica. La sezione finisce con una peana (paean) di lode ai gloriosi propositi di Dio.

Capitoli 12-16: La comunità creata da questo vangelo deve vivere con vera e rinnovata umanità. In particolare, deve rispecchiare l'intenzione di Dio di unirsi in Cristo. Le intenzioni di Paolo vanno verso questo fine, e i suoi saluti ai diversi gruppi nella Chiesa romana indicano come sua unica missione unire i separati in un unico culto e in una missione comune.

---

[22] Conviene tener presente comunque che sulla struttura della Lettera ci sono diverse opinioni fra gli studiosi. Per esempio, Ulrich WILCKENS parla di una prima parte, da 1,18 a 5,21: *Der Brief an die* Römer (Röm 1-5). Neukirchener Verlag, Zürich 1978, 16-17.

[23] N. T. WRIGHT, "The Letter to the Romans", op. cit., 405-406.

Approccio metodologico del presente lavoro

Prima di cominciare il percorso di questa ricerca, bisogna notare bene i diversi approcci di Paolo alle "Scritture"[24], nella sua argomentazione, quindi sapere come li legge e come si appoggia nell'AT lungo la esposizione dei temi, quali testi sceglie, dove gli inserisce. Non si tratta solo di citazioni esplicite, ma anche di *allusioni*[25] a episodi, di riferimenti a personaggi della storia biblica, nello stile del *midrash* semitico[26], e anche di *echi*[27] dei testi veterotestamentari nel testo paolino. Ci sono diverse posizioni, fra gli specialisti, sull'importanza o influsso dell'AT in Paolo[28]. Faremo, quindi, il percorso del testo paolino notando semplicemente di quale riferimento si tratta, tentando di estrarre il suo significato, le allusioni, midrash o citazioni bibliche. Sarà comunque molto importante evidenziare il significato del testo o riferimento veterotestamentario nell'insieme dell'argomentazione paolina. *Il centro dell'attenzione ai testi veterotestamentari sarà focalizzato verso il*

---

[24] A proposito del riferimento alle "Scritture", dobbiamo avere presente il fatto che, al tempo di Paolo, l'espressione concerne "l'accettazione dell'AT come Scrittura, cioè come parola autorevole di Dio, da parte di tutte le comunità, non solo giudeo-cristiane ma anche elleniste", come fa vedere B. Maggioni, *Un tesoro in vasi di coccio*. Vita e Pensiero, Milano 2005, 93.

[25] Per spiegare ciò che s'intende per "allusione", cito A. Belli: "Etimologicamente, l'allusione ha da fare con 'far entrare in gioco' ('playing with') qualcosa. È un riferimento a qualcosa, però non in un modo chiaro o evidente. Sempre combina i due livelli di velare e svelare": *Argumentation and Use of Scripture in Romans 9-11*. Analecta Biblica 183, GBP, Roma 2010, Nota 14, p. 36. Lo stesso Belli, per riconoscere le *allusioni*, offre una serie di criteri, che ritengo possano essere utili: "una certa corrispondenza verbale che è sufficientemente chiara; una certa rilevanza tematica del testo alluso al contenuto del passo che si vuole inserire, che rende significativa *tale* allusione in *tale* testo; altri tipi di corrispondenza: al livello della sequenza narrativa, o della struttura sintattica, o del modello letterario, o del modello figurativo, etc.; altri chiavi del genere sono: l'uso dello stesso testo in altri luoghi; la preferenza di un certo libro dalla parte dell'autore; la presenza di altre allusioni nello stesso testo; etc.": op. cit., 37-38.

[26] Dall'ebraico *darash* cercare: il termine denota qualsiasi ricerca, tecnica o omiletica, sulla Scrittura; è diventato equivalente di 'commentario', discorso sulla Scrittura, che la rende attuale e ne estrae tutte le ricchezze. Nella sua estensione minimale il termine designa un commento o una spiegazione continuata di un versetto, o anche di un passo o di un libro della Scrittura: J.-N. Alleti, M. Gilbert, J.-L. Ska, S. de Vulpillieres, *Lessico Ragionato dell'Esegesi Biblica*. Queriniana, Brescia 2006, 111.

[27] "Eco è una metafora di, e per, alludere, e non dipende di un'intenzione cosciente": J. Hollander, *The Figure of Echo. A Mode of Allusion in Milton and After*. Berkeley, University of California Press, 1981, 64.

[28] Cf. R. Hays, *Echoes of Scripture*, op. cit., 6-8.

significato salvifico, cioè come illuminano la visione paolina di storia della salvezza nella sua argomentazione. Per quanto riguarda ai temi della Lettera, farò un riferimento generale, tentando d'indicare il percorso seguito dall'autore, senza approfondire l'esegesi testuale.

Si possono contare 89 citazioni dell'AT nelle Lettere Paoline[29], di cui 51 solo in Romani. Gli studiosi si domandano perché tale concentrazione dei testi sacri in questa Lettera[30]. Un'osservazione attenta comunque ci porta a scoprire che c'è un uso paolino dei testi della Scrittura attorno a *un oggetto comune: la giustificazione salvifica di Dio in relazione a Israele*[31]. L'arrivo del Vangelo è un compimento: "il vangelo è un compimento, non la negazione, della parola di Dio a Israele"[32].

L'uso paolino di questi testi può indicare una finalità: dare un senso chiaro di garanzia di autorità; altre volte invece solo di un modo allusivo e indiretto. Per studiare quest'aspetto, alcuni specialisti prendono l'approccio della strategia storico-critica, concentrando l'attenzione sulle circostanze storiche della composizione del testo. Sembra però più adatto l'approccio intertestuale: come interagisce Paolo con il testo scritturistico, lo ascolta, trova nelle parole sacre le espressioni di cui lui stesso sentiva il bisogno per comunicare il messaggio ai suoi destinatari. Fare un commento di tutte le citazioni potrebbe portare questo lavoro troppo lontano, perciò dovremmo concentrarci in alcune più rappresentative.

---

[29] Cf. la tavolazione offerta da D.-A. Koch, *Die Schrift als Zeuge des Evangeliums: Untersuchungen zur Verwendung und zum Verständnis des Schrift bei Paulus.* Tübingen: Mohr, 1986.

[30] Per esempio, la raccolta di saggi in K. P. Donfried, ed., *The Romans Debate.* Edinburgh, T & T Clark, 1991.

[31] Cf. R. Hays, *The Echoes of Scripture,* op. cit., 34.

[32] Ibid.

PRIMA SEZIONE: Rom 1-4

L'identità cristiana. Fondamenti. La giustiza di Dio

Capitolo 1

L'Apostolo si presenta a se stesso come *servo di Cristo Gesù*, in imitazione di colui che si aveva presentato anche lui come *uno che serve* (Lc 22,27). Già dall'inizio, è importante notare, Paolo annuncia, sebbene in un modo introduttorio, i temi teologici principali che offrirà lungo la lettera[1]. Per esempio, menziona *il vangelo di Dio* (v. 1)[2], già promesso *nelle Scritture sante* (v. 2), citazione diversa di quella ordinaria, "Scrittura", che sembra indicare una formula cristiana confessionale della Tradizione. Il fatto che sia collocata nell'apertura della Lettera indicherebbe l'interesse urgente di Paolo: fondamentare l'esposizione del Vangelo nei testi sacri di Israele[3]. I temi teologici introdotti da Paolo in questi primi versetti del Praescriptum o salutazione sono veramente importanti, sia dal punto di vista teologico (offrono l'essenza della teologia cristiana) che nel rapporto con la vita cristiana stessa. Paolo li svilupperà lungo la lettera, in tutto il suo contesto[4]. Si potrà notare che molte delle espressioni usate da Paolo sono state prese dall'AT.

---

[1] "In the course of this formal epistolare introduction –scrive J. Fitzmyer–, Paul enunciates some of the fundamental teachings which he will develop in the course of the epistle": *Spiritual Exercises Based on Paul's Epistle to the Romans*. New York/Mahuah, Paulist, 1995, 18.

[2] Mi sembra degno di attenzione notare che si tratta del *Vangelo di Dio*, cioè non di qualsiasi annuncio, come segnala K. Barth: "Non si tratta, quindi, di una cosa fra altre che si deve comprendere direttamente, che si deve capire di un modo singolare, bensì della Parola dell'origine di tutte le cose che deve essere percepita sempre come nuova, con timore e tremore, perché è detta sempre nuova. E così, non si tratta di esperienze vissute e sentimenti, anche se di alto rango, bensì di una conoscenza oggettiva e sobria di quello che nessun occhio vide, nessun orecchio ascoltò": *La Lettera ai Romani*. Feltrinelli, Milano 1962, 76 (orig. *Der Römerbrief*. Zurich, 1954).

[3] Così attesta R. Hays, *Echoes of Scripture*, op. cit., 34.

[4] Si veda R. Longenecker *The Epistle to the Romans*, op, cit., 93.

Nel **v. 2** l'Apostolo riconosce che un tale vangelo ha una propria *profondità storica*, visto che ha dei precedenti negli annunci dei profeti (di Israele) e nelle loro Scritture. Il *vangelo* di Paolo non è stato improvvisato: ha avuto una preparazione storica. Nel passato di Israele si possono rintracciare i suoi fondamenti nella sua configurazione religioso-culturale. Infatti, i Profeti e le Scritture sono patrimonio di primo ordine di quel popolo.

Nelle sue lettere, Paolo sviluppa questo dato fondamentale: nelle Scritture vede espressa la volontà o il piano di Dio (cfr. 2Cor 1,20: *E in realtà tutte le promesse di Dio in lui sono divenute "sì"*; Gal 3,8: *E la Scrittura, prevedendo che Dio avrebbe giustificato i pagani per la fede, preannunziò ad Abramo questo lieto annunzio: "In te saranno benedette tutte le genti"*). Concretamente, in Rom v'insiste notevolmente. Il suo stile di ricorso alle Scritture giudaiche, costante e vario, ci porta a concludere che l'intera problematica in esse trattata potrebbe spiegarsi come un *Dialogus cum Judaeis*. Nel concetto di promessa, *epangelía*, per esempio, vede l'Antico Testamento già orientato verso Gesù Cristo, cosicché esso non può essere considerato semplicemente come una cornice, ma fa parte integrante del quadro della fede cristiana.

Paolo prende la missione, con vera audacia e da svolgere "fra tutte le genti". Questa è una caratteristica della sua personalità di Apostolo. Per poter farne una valutazione con adeguatezza, si dovrebbe ricordare l'atteggiamento che aveva il giudaismo del suo tempo verso le "genti", i *goyim*, che era negativo, come si riecheggia nel testo di Isaia: *Ecco, le genti sono come una goccia da un secchio, contano come il pulviscolo sulla bilancia [...] Tutte le genti sono un nulla davanti a lui, come niente e vanità sono da lui ritenute*" (40,15.17).

Nonostante queste differenze religiose (cfr. Gal 2,16), Paolo dedica ai gentili la sua missione, senza far distinzione fra i due ambiti storico-salvifici. La possibilità di salvezza offerta da Dio in Cristo mediante la sola fede è per tutti (cfr. Rom 3,21-5,21; 9,11; Gal 2,16: *sapendo tuttavia che l'uomo non è giustificato dalle opere della legge ma soltanto per mezzo della fede in Gesù Cristo, abbiamo creduto anche noi in Gesù Cristo per essere giustificati dalla fede in Cristo e non dalle opere dalla legge: poiché dalle opere della legge non verrà mai giustificato nessuno*). Senza alcuna prospettiva pessimistica, il suo proposito è di *annunciare il vangelo se non dove anco-*

ra non sia giunto il nome di Cristo (Rom 15,20), poiché *chiunque invocherà il nome del Signore sarà salvato* (Rom 10,13=Gl 3,5).

Nel v. 3, ricorda che Gesù è nato dal seme di Davide, secondo la carne, cioè una menzione importante, sia per il personaggio citato come per l'origine del Messia.

Sull'interpretazione dei versetti 3-4 di questo primo capitolo, Lutero, parlando delle difficoltà trovate, dice: "Non so se qualcuno abbia spiegato questo passo secondo verità ed in maniera corretta. Agli antichi sbarrò il passo l'improprietà della traduzione; agli interpreti più recenti, invece, è mancato lo spirito"[5].

Nel rimprovero ai gentili, Paolo fa due brevi citazioni, per sottolineare ciò che vuole argomentare: *hanno cambiato la gloria* del Dio incorruttibile (Sal 106,20) con *l'immagine e la figura* dell'uomo corruttibile (Es 32).

Nei **vv. 16-17** il vangelo è definito con il concetto di "potenza di Dio", *dynamis Theoû*. La qualifica dell'evangelo come *dynamis* è una originalità paolina. Nell'AT troviamo la potenza di Dio collegata con la sua parola, in un duplice contesto: la creazione e la storia. Il nostro testo ha un parallelo interessante: 1Cor 1,18: *La parola della croce infatti è stoltezza per quelli che vanno in perdizione, ma per quelli che si salvano, per noi, è potenza di Dio.* "La *dynamis* del Risorto –in parole di Wilckens– opera nella proclamazione della salvezza della giustizia di Dio"[6]. Il *Sitz im Leben* del syntagma *dikaiosyne tou Theou* è il Giudaismo apocalittico, di un modo speciale la comunità di Qumran[7]. Per Paolo, la *dikaoisyne tou Theou* non è la descrizione dell'essenza di Dio, nemmeno dell'essenza dell'uomo davanti a Dio, ma l'azione redentrice di Dio[8].

---

[5] M. LUTERO, *La lettera ai Romani*. A cura di Franco Buzzi, Edic. Paoline, Torino 1991, Capitolo I, vv. 3-4, 198-199.

[6] U. WILCKENS, *Die Brief an die Römer* (Röm 1-5). Benziger Verlag, Neukirchener Verlag, 1978, 91. E continua lo stesso autore, a proposito di questa *dynamis*, nella stessa pagina: "Essa ha finalmente la forza illimitata dell'amore di Dio, che si rivolge agli ingiusti e li salva".

[7] Cfr. E. P. SANDERS, *Paul and Palestinian Judaism*. SCM Press Ltd, London 1977, 539.

[8] Cfr. E. P. SANDERS, *Paul and Palestinian Judaism*, op. cit., 540. Nello stesso luogo, Sanders scrive: "Over against his tradition, the term designated more than the renewal of the old covenant, but is universalized to include the entire creation: God acts redemptively on behalf of all men. Again, over against his tradition, Paul speaks of God's righteousness as present now in the Christ-event".

Citando a Käsemann, Sanders aggiunge: "God's power reaches for the world, and the world's salvation consists in the fact that it is led back under God's dominion. *Dikaiosyne Theou* is *Heilsetzende Macht*"[9].

È sorprendente la citazione di Abacuc, proprio all'inizio della prima sezione epistolare. Sull'importanza di tale citazione, R. Penna dice:

> Il semplice fatto di introdurre una citazione biblica nella *propositio* della prima, lunga sezione epistolare (*Il giusto per la fede vivrà*: Ab 2,4), dice già da solo quanto sia ritenuto importante il ricorso alla Scrittura nello sviluppo dell'argomentazione paolina. Il testo di Abacuc è particolarmente significativo per Paolo, visto che esso è uno dei pochissimi testi biblici a essere citati più di una volta dall'Apostolo (ricorre con la stessa formulazione anche in Gal 3,11). La sua collocazione in Rom ne evidenzia ancor più il valore di principio e per così dire programmatico[10].

Al costrutto *ek písteos* si aggiunge *eis pístin* all'unico scopo di rafforzarlo, per enfatizzare al massimo il dato della fede. Questo procedimento si constata anche in altri concetti nello stesso Paolo (*di morte in morte… di vita in vita*: 2Cor 2,16; *di gloria in gloria*: 3,18). L'apostolo vorrebbe dire con maggiore insistenza che la fede è l'unico modo di rapportarsi alla rivelazione della giustizia di Dio nel vangelo. Anzi, la fede non è solo una condizione per l'appropriazione della giustizia di Dio: ne è già l'appropriazione stessa[11]. Vorrebbe indicare, con questa citazione, che la fede è un essere radicato con fermezza in Dio. Nelle parole di Wilckens:

> Perciò, si deve presuporre che Paolo conobbe dalla tradizione cristiana questa testimonianza scritturistica, tanto centrale in questa comprensione: la fede è concepita qui soprattutto nel senso di un perseverante afferrarsi in Dio in una situazione di angustia e difficoltà[12].

La citazione di Abacuc offre a Paolo un sostegno per il suo vangelo, contro la stessa tradizione giudaica[13]. Paolo si adegua alle tecni-

---

[9] E. P. SANDERS, *Paul and Palestinian Judaism*, op. cit., 542.

[10] R. PENNA, *Lettera ai Romani*, op. cit., pp. 77-78.

[11] R. PENNA, *Lettera ai Romani*, op. cit., pp. 76-77.

[12] U. WILCKENS, *Der Brief an die Römer*, op. cit., 89.

[13] Come continua a dire WILCKENS: "[…] Hab 2,4 diventa il locus classicus della sua dottrina cristiana della giustificazione di fronte all'interpretazione giudaica come anche all'antica interpretazione cristiana ordinaria tradizionale (insieme a Gen 15,6). La giustizia per lui è

che di citazione (nella grecità contemporanea come nel giudaismo), per quanto riguarda sia il modo di trattare il testo citato (omissioni, adattamenti, sostituzioni, spostamento nell'ordine delle parole,...), sia anche il modo di introdurlo.

Il testo citato di Abacuc è un argomento *ex auctoritate*, portato qui in appoggio al principio dell'insostituibilità della fede nel processo di giustificazione. Si deve fare presente che il testo profetico adottato da Paolo non è dello stesso tenore di quello presente sia nell'ebraico del Testo Masoretico, sia nel greco della LXX.

Nel trattamento del testo profetico, Paolo sottolinea fortemente la fede e ne parla nei vv. 16-17. I quattro concetti fondamentali che definiscono il vangelo, sono: potenza di Dio, salvezza, giustizia di Dio, fede, qui è data la maggiore accentuazione a quest'ultimo.

Si deve notare anche un'altra variazione nella rilettura di Ab 2,4, non testuale ma semantica, misurabile solo in rapporto al testo ebraico e che riguarda il senso da dare alla figura del "giusto". Nel passo veterotestamentario si tratta del singolo giudeo o al più della personificazione dell'intero popolo giudaico, che si rimette totalmente al Signore in vista di una sopravvivenza, di fronte a un pericolo; in Paolo si tratta di ogni uomo senza distinzioni, religiose o culturali, in vista di una vita dalla prospettiva eterna, che non esclude la dimensione terrena, ma la considera in termini generali di personale pienezza.

L'Apostolo segnala il tipo di giustizia che ora deve connotare il giusto, come scrive lo stesso Penna: "giusti si diventa aderendo alla giustizia salvifica di Dio"[14].

---

comprensibile solo come 'giustificazione della fede' in questo senso": *Der Brief an die* Römer, op. cit., 90. Paolo avrebbe dovuto confrontarsi con la visione del Giudaismo, e concretamente del Giudaismo Rabbinico, come una religione legalistica della giustificazione per le opere, d'accordo alla descrizione che fanno tanti autori, fra i quali Bultmann, Braun, Rössler, Becker, Jaubert, Thyen. Si dovrebbe considerare comunque anche l'esistenza di una tendenza diversa, non tanto legalistica, dentro al Giudaismo, quanto 'più spirituale e nobile', come attesta Sanders, citando a R. N. Longenecker, *Paul: Apostle of Liberty.* New York 1964, 70ss. Per una maggiore spiegazione di questo punto, cfr. E. P. Sanders, *Paul and Palestinian Judaism.* SCM Press, Ltd, London 1977, 54-55.

[14] R. Penna, *Lettera ai Romani*, op. cit., 81.

La parola "è rivelata" di 1,17, *apokalyptetai*, rimanda all'attesa del popolo giudaico, di un intervento finale del Dio d'Israele. Le parole dello studioso Wright si riferiscono proprio a questo punto:

> Conforme la notte diventava più oscura, il potere pagano aumentava e la slealtà in Israele arrivava a essere più sviluppata, i giudei come Paolo dovrebbero aver pregato e desiderato che gli eventi dell'attuale tempo-spazio dimostrassero al di là di ogni dubbio che il Dio d'Israele era il creatore e il giudice di tutto il mondo[15].

Paolo vuole spiegare che la giustificazione da parte di Dio è rivelata per la morte e risurrezione di Gesù Cristo. Il Sal 97,3 LXX offre la cornice teologica nella quale si potrebbe capire meglio 1,16-17:

Egli si è ricordato del suo amore,
della sua fedeltà alla casa di Israele.
Tutti i confini della terra hanno veduto
la vittoria del nostro Dio[16].

Paolo condivide la visione del salmista: la dimostrazione del potere e la fedeltà di Dio porterà anche ai gentili alla riconoscenza di Lui. Il secondo Isaia fa risuonare la stessa promessa di una manifestazione della salvezza e giustificazione di Dio. P.e.:

Ascoltatemi attenti, o mio popolo;
o mia nazione, porgetemi l'orecchio.
Poiché da me uscirà la legge,
porrò il mio diritto come luce dei popoli.
La mia giustizia è vicina,
si manifesterà la mia salvezza;
le mie braccia governeranno i popoli: 51,4-5.

Anche se in Rom 1,16-17 non c'è una citazione esplicita di questi versetti di Isaia, il vocabolario del profeta si può sentire dentro, come il com-

---

[15] "As the night grew darker, as pagan power increased, and as disloyalty within Israel itself became more rife, Jews like Paul must have prayed and longed for actual space-time events that would demostrate beyond any doubt that Israel's God was the creator and judge of all the world": N. T. WRIGHT, "The Letter to the Romans", in: *The New Interpreter's Bible-Vol. X.* Abingdon Press, Nashville, 2002, 401.

[16] Così sostiene R. HAYS, *Echoes of Scripture*, op. cit., 36.

pimento dell'antica promessa riguardante la giustizia di Dio che sarebbe rivelata in un atto di liberazione prima per i giudei e poi per i gentili.

A proposito dell'espressione *Non mi vergogno del Vangelo*, sembra che Paolo prenda il vocabolario dai Salmi di Lamentazione, come: *Ma ora ci hai respinti e coperti di vergogna* (Sal 43,10) o anche dallo stesso Isaia: *Il Signore Dio mi assiste per questo non resto svergognato* (50,7). Poi, nel Vangelo di Marco, sarà scritto il verbo *vergognarsi* riferito a Gesù e alle sue parole: *Chi si vergognerà di me e delle mie parole davanti a questa generazione adultera e peccatrice, anche il Figlio dell'uomo si vergognerà di lui, quando verrà nella gloria del Padre suo con gli angeli santi* (8,38). La vita storica di Gesù sarebbe, per il mondo giudaico e romano, una situazione da *vergognarsi*, come si potrebbe concludere dalla citazione di Giovanni Crisostomo:

> I romani erano molto ansiosi riguardo alle cose del mondo, a causa delle ricchezze, il loro impero, le loro vittorie, e pensavano che i loro imperatori erano uguali agli dei... Mentre loro erano così orgogliosi, Paolo stava per predicare Gesù, il figlio del falegname cresciuto in Giudea, nella casa di una donna di origine umile, che non aveva guardie di corpo, ne era circondato da ricchezze, ma che morì come un criminale fra ladri e subì molte afflizioni umilianti[17].

Le parole di Paolo riguardo al "vergognarsi" potrebbero riferirsi alle ingiurie contro il vangelo, all'inizio della predicazione. Unite alla sua reazione, potrebbero risuonare le parole del profeta: *Non lasciatevi vincere dalle loro ingiurie e non cedete ai loro disprezzi* (Isa 51,7). L'opposizione ordinaria, nello scritto, dal punto di vista retorico, sarebbe "giudeo - gentile", invece Paolo scrive: "giudeo – greco".

In Abacuc, il brano dove si trova la citazione presa da Paolo, è il nucleo della risposta di Dio al lamento del profeta (Ab 2,1):

Fino a quando, Signore, implorerò aiuto
e non ascolti,
a te alzerò il grido: "Violenza!"
e non salvi? (1,1).

---

[17] Chrysostom, "Homilies", in: *Nicene and Post-Nicene Fathers*, 11.348 (citazione in: R. Longenecker, *The Epistle to the Romans*, op. cit., 159).

Quando Paolo colloca questo testo proprio all'inizio della Lettera, tenta di collegare il suo Vangelo con l'affermazione profetica dell'AT sulla giustizia e giustificazione di Dio. Bisogna fare attenzione all'"evoluzione' nel significato del testo, cioè nel testo ebraico, la risposta di Dio al profeta è un'esortazione a conservare la fede: *Il giusto vivrà per la sua fedeltà,* alla fine sarà ricompensato da Dio. Invece, nel testo greco si tratta di una promessa che riguarda il carattere divino: *Il giusto vivrà per la mia fedeltà.* Paolo salta il pronome personale, e così rimane solo *il giusto vivrà per la fede (fedeltà).* Perciò è spontanea la domanda: di chi? Dunque la citazione paolina di Ab 2,4, secondo Hays:

> porta in questo senso –certamente, almeno in due diverse letture tradizionali di essa- come una fonte di risonanza simbolica per questa affermazione della giustizia delle vie di Dio nel tempo presente. Così, in Rom 1,16-17, mescolando echi dai Salmi, Isaia e Abacuc, Paolo localizza la sua proclamazione del vangelo dentro della camera risonante della riflessione profetica sulla giustizia di Dio[18].

La *giustificazione* è un concetto centrale della teologia paolina della Lettera ai Romani. Il commento di Barclay ci aiuta a comprendere cosa significa:

> Allora se Dio giustifica il peccatore, ciò non significa che Lui trova ragioni per provare che il peccatore stava bene –lontano da esso. Ciò non significa, a questo punto, che Lui fa di lui perfino un uomo buono. Ciò che significa è che Dio *tratta il peccatore come se lui non fosse stato per niente un peccatore.* Invece di trattare il peccatore come un criminale da essere distrutto, Dio lo tratta come un bambino da essere amato. Questo è ciò che significa la *giustificazione*... Significa che Lui ci guarda non come criminali (law-breakers) da punire, ma come uomini e donne solo da amare. Questa è la stessa essenza del vangelo[19].

Così si capisce che l'uomo giustificato è l'uomo che entra in una nuova relazione con Dio, quella della fiducia e l'amicizia, non più nella distanza. Forse si potrebbe dire che il tema di 1,17 va aldilà della

---

[18] R. Hays, *Echoes of Scripture,* op. cit., 41.

[19] W. Barclay, *Letter to Romans.* The Saint Andrew Press, Edinburgh, 1972, 13-14.

sola "giustificazione", e comprenderne in un senso più allargato come un riferimento all'alleanza di fedeltà e giustizia di Dio. Questo orientamento aiuterebbe a capire meglio la concatenazione dei temi e del pensiero paolino nella Lettera[20]. Come testo parallelo a questo tema, si veda Is 40-55, dove si trova un pensiero simile: il Dio di Israele rivelerà la sua giustizia e salvezza in favore del suo popolo, nel confrontare gli imperi pagani. Lutero, nei sui scritti in latino, da 1545, sul testo di Rom 1,17-18, scrisse: *conclusio totius Epistolae b. Pauli ad Romanos*[21]. Sulla frase *di fede in fede*, S. Agostino aveva scritto: "Dalla fede di quelli che confessano con la bocca alla fede di quelli che ubbidiscono con gli atti"[22].

L'ira di Dio, tema che Paolo introduce in 1,18, non significa una natura irascibile, ma un'incompatibilità totale fra Dio e l'ingiustizia, che potrà sparire solo con la distruzione del male. Paolo vuol esprimere, con questo sintagma, la resistenza inflessibile di Dio verso il male, in qualsiasi forma si presenti. Si tratta di un tema che i profeti avevano già annunciato: il "giorno di Yahve", come giorno d'ira e di salvezza (*Il Signore è alla tua destra, annienterà i re il giorno della sua ira*: Sal 110,5; È vicino il gran giorno del Signore, è vicino e avanza a grandi *passi*: Sof 1, 14; Am 5,18s; Giole 1,15; 2,1.11), di cui la realizzazione piena escatologica sarebbe nella venuta gloriosa di Cristo, il Giorno del Giudizio, quando tutti i morti dovranno risorgere e comparire davanti al tribunale divino. Comunque, se Paolo parla dell'"ira di Dio", nota Barclay, non parla mai di Dio adirato[23]. Se noi fossimo lasciati da soli, sotto i risultati della nostra ribellione, le conseguenze sarebbero disastrose. Però è proprio qui che Dio viene in nostro ausilio:

---

[20] Come annota giustamente WRIGHT: "Lo scorrere del pensiero attraverso la lettera come un insieme fa molto più senso se noi comprendiamo l'affermazione del tema in 1,17 come trattandosi su Dio e la sua alleanza di fedeltà e giustizia, più che come semplicemente su "giustificazione". Ciò porta all'attenzione i capitoli 9-11, non come un'appendice a un trattamento generale del peccato e la salvezza, ma come l'inteso climax maggiore di tutta la lettera; e ciò permette il significato di 15,1-13 come una sintesi finale del tema": "The Letter to the Romans", op. cit., 403-404.

[21] Opere in latino, nell' American Edition vol. 34, *Luther's Works*, St. Louis: Concordia Publishing House 1955-1986. Philadelphia: Fortress Press, 1955-1986, pags. 336-337.

[22] AGUSTIN, *De Spiritu et littera* XI, 18. Patrol Ser. Lat. XLIV, 211.

[23] W. BARCLAY, *Letter to Romans*, op. cit., 18.

L'ira di Dio è l'inevitabile punizione del peccato. C'è lì nella struttura dell'universo. Ed è proprio dalle conseguenze della nostra ribellione contro l'ordine morale che l'amore di Dio ci salva, per ciò che Gesù ha fatto per noi[24].

In 1,18ss, Paolo argomenta contro i pagani, che non hanno saputo riconoscere il Dio vero nel creato. Il Concilio Vaticano I cita proprio questo testo, quando argomenta sulla riconoscenza di Dio nella sua creazione. Il testo della Sapienza 13,1-9 riprende il tema: i pagani, dalla contemplazione delle meraviglie del mondo, dovrebbero essere stati portati alla riconoscenza e adorazione del Dio vero. Si può vedere anche Giobbe 38-41. Così si può capire la durezza dell'argomentazione paolina. Gli uomini videro verso di sé stessi, anziché verso il suo Creatore. Il risultato fu l'idolatria.

Anche se alcuni dei Padri della Chiesa (Giovanni Crisostomo, Teodoro di Mopsuestia, Genadio) parlano dell'ira di Dio come un evento escatologico, del futuro, Paolo invece, in Romani, la considera come una realtà presente, espressa non solo contro la ribellione dei popoli fuori di Cristo, ma anche contro la peccaminosità del suo popolo. Paolo dichiara, alla fine del capitolo primo, che tutti i popoli conoscono bene che la ribellione contro Dio e la mancanza di lode e gratitudine verso di Lui porta alla morte. E nonostante ciò, la storia umana e la nostra esperienza universale è che *non solo continuano a fare queste cose, ma anche approvano chi le fa* (Rom 1,32).

Capitolo 2

In questo capitolo, l'Apostolo consegna un messaggio di giudizio, nello stile della diatriba, dei moralisti popolari greci, in cui va mescolando temi della sapienza e dei profeti dell'AT, come anche da al-

---

[24] W. Barclay, *Letter to the Romans*, op. cit., 19. Su questo tema scrive R. Longenecker "The wrath of God" is an anthropomorphism (i.e., an ascription to God of human feelings), which expresses a more intensive response to sin and to those who sin than mere human words can articulate": *The Epistle to the Romans*, op. cit., 201. Ancora sulla stessa espressione ("the wrath of God"), lo stesso autore aggiunge: "enunciates in stammering human language God's horror with respect to humanity's rebellion, self-centeredness, and lawlessness, all of which result on people's self imposed separation from God and their inhumane injustices toward each other": op. cit., 202.

cuni scritti giudei intertestamentari. Per esempio, l'affermazione: Dio che *renderà a ciascuno secondo le sue opere*, è quasi una citazione del Sal 61,13: *secondo le sue opere tu ripaghi ogni uomo*; simile a quella di Prov 24,12: *egli renderà a ciascuno secondo le sue opere*.

2,6: *renderà a ciascuno secondo le sue opere:* Prov 24,12; Sal 62,13.

Una fede senza opere è niente, è un inganno, come argomenta l'apostolo Giacomo (2,14ss): *la fede senza le opere è morta* (2,26). Il tema della retribuzione in base alle opere è fondamentale per la teologia e la spiritualità giudaica. Il discorso di Paolo non è, in questo punto, di tonalità cristiana, ma parla dalla prospettiva giudaica. È interessante che non citi qui il Sal 103,10 (*Dio non ci tratta secondo i nostri peccati, non ci ripaga secondo le nostre colpe*), perché questo salmo vale per le trasgressioni occasionali del giudeo pio. Per la prima volta, nella Lettera, troviamo qui il concetto di opera morale, espresso con il plurale *erga*.

A proposito di "tribolazione e angoscia", cioè del giusto giudizio di Dio, Paolo scrive in continuazione con la tradizione apocalittica giudaica, usando immagini dello stile del giudizio escatologico. C'è un forte eco di Isa 8,22: *rivolgerà lo sguardo sulla terra ed ecco angustia e tenebre e oscurità desolante.* Un altro eco che potrebbe risuonare qui è Dt 28,15ss, che tratta sulle maledizioni che potrebbero ricadere su tutti coloro che non avrebbero compiuto i comandi del Signore: *Se non obbedirai la voce del Signore tuo Dio... verranno su di te e ti raggiungeranno tutte queste maledizioni: sarai maledetto nella città e maledetto nella campagna...*

2,21b-22a: Paolo formula qui due accuse retoriche che sono menzionate nel Decalogo (*Non rubare*: Es 20,15; Dt 15,19): *Tu che predichi di non rubare, rubi?* E poi (*Non commettere adulterio*: Es 20,14; Dt 5,18): *Tu che proibisce l'adulterio, sei adultero?*

2,24: *Il nome di Dio è bestemmiato per causa vostra tra le genti:* Isa 52,5.

Il testo ebraico dice: ... *e sempre, tutti i giorni, il mio nome è stato disprezzato.* Allora se questi capitoli di Isaia riguardano la grazia di Dio verso Israele, la lettura che fa Paolo adesso è come un rimprovero, perché Paolo vuole risaltare il contrasto fra l'umana infedeltà e la fedeltà di Dio, che non abbandona mai il popolo dell'alleanza. Dunque non si tratta di una condanna di Israele, ma di una correzione, che ricorda la liberazione realizzata da Dio in favore del suo popolo (con attenzione al contesto della citazione isaiana). Gli ebrei mostravano, spesso, verso gli altri un atteggiamento fondamentale di disprezzo, che provocava ovviamente l'odio contro di loro, e che dava alla loro religione un aspetto di chiusura. La vera religione invece è sempre quella delle porte aperte.

Vv. 28-29: *Giudeo, infatti, non è chi appare tale all'esterno e la circoncisione non è quella visibile nella carne; ma Giudeo è colui che lo è interiormente e la circoncisione è quella del cuore, nello spirito, non nella lettera, la sua lode non viene dagli uomini, ma da Dio:*

Siamo qui di fronte a una proposizione importante dell'antropologia paolina (non è qui il caso di una citazione dell'AT), che causò senza dubbio una scossa nella religione tradizionale. È una denuncia contro il legalismo giudaico, prima in senso negativo (*Giudeo non è chi appare tale dall'esterno, e la circoncisione non è quella della* carne), e poi, in senso positivo (*Giudeo è colui che lo è interiormente, e la circoncisione è quella del cuore, nello spirito e non nella* lettera). Si trattava di una provocazione a una religione fiduciosa nella pratica esteriore dei riti, con fondamenti in pregiudizi di tipo etnico, in un povero rapporto con l'interiorità della nuova alleanza. Il vero giudeo è il vero *israelita*[25].

Versetti collegati l'uno all'altro, perché insieme rappresentano la conclusione del ragionamento paolino. Paolo si concentra qui su una contrapposizione che si trova come sfondo del suo pensiero: "manifesto/nascosto", e tenta di far vedere che conta non quello che si vede, ma ciò che non è visibile; e poi nella contrapposizione in altri due contrasti: "circoncisione nella carne/circoncisione del cuore", e "norma scritta/spirito"... *apparire* quello che non si è non serve a niente, mentre al contrario importa *essere*, altrimenti *non saremo nient'altro che interpreti dei giudizi degli altri.* Diventeremo schiavi al giudizio degli altri, attenti solo a ciò che gli altri pensano e dicono di noi, e vivremo alla fine senza libertà. Nella Lettera ai Filippesi, lo stesso Paolo scrive: *Siamo infatti noi i veri circoncisi, noi che rendiamo il culto mossi dallo Spirito di Dio e ci gloriamo in Cristo Gesù, senza avere fiducia nella carne* (3,3).

---

[25] *Israel* significa: quello che persiste o persevera con Dio (*saràh* = perseverare, persistere; e il nome divino *El*).

Il **v. 29** considera il versante positivo del confronto. Ciò che conta è essere giudeo veramente *nel segreto, a livello di ciò che non è visibile*; infatti, è proprio nell'interiorità dove si misura la vera identità dell'uomo, che si sottomette, non allo sguardo dell'uomo ma a quello di Dio. Si può qui ricordare l'ironia giovannea di fronte all'atteggiamento ipocrita dei capi dei giudei, nella consegna che fanno di Gesù a Pilato: *non vollero entrare nel pretorio per non contaminarsi e poter mangiare la Pasqua* (Gv 18,28).

La metafora su "la circoncisione del cuore" non è originale di Paolo, ma ha già una lunga storia. Nel Deuteronomio si trova per la prima volta: *Circoncidete dunque il prepuzio del vostro cuore e non indurite più la vostra nuca* (10,16;cf. Ger 4,4), e ancora nello stesso libro, con uno sviluppo maggiore: *Il Signore tuo Dio circonciderà il tuo cuore e il cuore della tua discendenza, perché tu possa amare il Signore tuo Dio con tutto il tuo cuore e tutta la tua anima* (30,6). E nel Levitico si legge:

> *Dovranno confessare la loro iniquità e l'iniquità dei loro padri: per essere stati infedeli nei miei riguardi ed essere opposti a me; peccati per i quali anch'io mi sono opposto a loro e li ho deportati nel paese dei loro nemici. Allora i loro cuore non circonciso si umilierà e allora sconteranno la loro colpa* (26,40-41).

Perciò, i requisiti della circoncisione dovranno essere definiti di nuovo, così come il rito non sarà più necessario. Lo stesso nome "giudeo" dovrà anch'esso ricevere una nuova definizione, perché la vera essenza dell'essere giudeo non dipenderà dall'approvazione degli spettatori esterni, ma da ciò che solo Dio può vedere e approvare[26].

Il tema comune nei due passi deuteronomici è quello dell'interiorizzazione della Legge e dell'alleanza, analogamente a ciò che sia in Ger 31,31-34 che in Ez 11,19-20; 36,24-27 si legge sul dono di un cuore nuovo e di uno spirito nuovo. Possiamo comprendere il senso della metafora in rapporto al dono totale di sé al Dio dell'alleanza nella piena obbedienza alla sua volontà, perché il cuore circonciso è un cuore umile e aperto a lui, disponibile alle sue richieste e alla sua azione.

La contrapposizione tra gli uomini e Dio, per quanto riguarda il modo di vedere e giudicare, richiama ciò che si legge in 1Sam 16,7:

---

[26] Come segnala molto bene J. D. G. DUNN, *Romans 1-8*. Word Books, Dallas, Tx 1988, 128.

Io non guardo ciò che guarda l'uomo. L'uomo guarda l'apparenza, il Signore guarda il cuore.

Dunque, nonostante che in Rom 1,18-3,20 Paolo usa le allusioni scritturistiche per sottolineare il tema del giudizio di Dio, comunque non si può negare che i testi stessi suggeriscono anche il tema della misericordia di Dio.

Capitolo 3

Una sezione di natura forense. L'uso che fa Paolo della Scrittura in 3,1-20 sembra un tanto strano, come sostiene Longenecker[27], se si considera il modo come lui procede nelle altre Lettere. È una sua abitudine citare o fare allusioni alle Scritture con paragrafi o citazioni prese dai Profeti o dal Pentateuco. Qui invece le prende dai Salmi. Solo una citazione è da Isaia. Una citazione breve dal Sal 116,11 prepara la riconoscenza di Dio come giusto giudice: *ogni uomo è mentitore*.

3,4b: *Affinchè tu sia riconosciuto giusto nelle tue parole e vinca quando sei giudicato:* Sal 51,6.

La citazione paolina corrisponde alla versione della LXX, tranne il verbo *vincere* (nella LXX è al congiuntivo aoristo, in Rom 3,4, al futuro: *nikéseis*). L'affermazione del salmista si riferisce alla misericordia di Dio verso il peccatore; in Paolo, invece, serve per sostenere il giudizio imparziale di Dio. È alla luce di questo salmo che si possono comprendere i verbi "essere considerato giusto", "vincere" ed "essere chiamato in giudizio". "Si tratta della vittoria finale –sostiene Pitta- nella quale la giustizia divina non ha più connotazione salvifica ma è collegata al giudizio finale"[28]. La natura forense della sezione va confermata dalla citazione di questo salmo.

Il Sal 51 è un salmo penitenziale, dove si confessa il peccato e si invoca la misericordia di Dio. Paolo però non menziona il peccato di Davide, ma solo il versetto che risalta la condotta di Dio che ricorda la sua ira giusta verso l'umanità peccatrice. I lettori (ascoltatori) della Lettera potranno facilmente 'sentire' l'eco delle parole non citate dello

---

[27] R. LONGENECKER, *The Epistle to the Romans,* op. cit., 335.

[28] A. PITTA, *Lettera ai Romani*, Paoline, Milano 2009 3a. Edic., 140.

stesso salmo, con il tema di Rom 3. E così, dietro Rom 3, Paolo ha fatto presente la storia di Davide peccatore, dove siamo compresi tutti noi. A questo proposito, Hays aggiunge:

> Romani 3, dunque, come il scioglimento della storia di Davide, stabilisce un modello dell'umana colpabilità, incontrata dal giudizio della misericordia divina; per i lettori di Romani, come per Davide, non c'è scampo dalla giustizia di Dio. C'è poca evidenza in Romani che suggerisca che questi paralleli strutturali siano deliberatamente elaborati da Paolo. È più probabile che i paralleli sottoconsci (subconcious) fra il messaggio di Paolo e l'incontro Nathan/Davide condusse Paolo ad arrivare al Sal 51 come un testo appropriato per la citazione[29].

Fra i Padri Latini, Sant' Anselmo ha scritto una "meditazione", in cui fa parlare al re Davide, a proposito di questo salmo:

> Pardonne-moi donc... *afin que* toi qui as dit par ton Saint-Esprit à quelqu'heure que le pécheur se repente et gémisse, je ne me souviendrai plus de toutes les iniquités qu'il a commises, *tu sois justifié*, c'est-à-dire qu'on te trouve *juste et véridique* comme tu l'es en effet, *dans tes paroles*, car ton langage est vérité et tu convaincs de mensonge ceux qui disent que tu ne perdonnes pas au pécheur repenti ... Considère, Dieu miséricordieux, ma faiblesse et ma pauvreté et manifeste en moi la grandeur de ta pitié[30].

3,9-20:

Una sezione che sorprende con una citazione biblica straordinariamente lunga, la più estesa nelle lettere paoline. Contiene due tesi: 1) tutti gli uomini sono sotto il peccato (v. 9), e 2) le opere comandate dalla Legge non rendono giusto nessuno, anzi la Legge favorisce solo la conoscenza del peccato (v. 20, con echi dal Sal 143,2). Paolo argomenta allo stile rabbinico, collegando insieme diversi testi dell'AT, secondo

---

[29] "Romans 3, then, like the denouement of the David story, sets forth a pattern of human guilt, met by divine judgment and mercy; for the reader of Romans, as for David, there is no escape from the righteousness of God. There is little evidence in Romans to suggest that these structural parallels are deliberately crafted by Paul. It is more likely that the subconscious structural parallels between Paul's message and the Nathan/David encounter led Paul to hit on Psalm 51 as an appropriate text to cite": R. HAYS, *Echoes of Scripture*, op. cit., 49-50.

[30] SAINT ANSELM, *Méditation sur le psaume 50*; PL 158, 829.

il metodo *charaz* (legando perle insieme). Come annota Hays, sembra un'esplosione di condanne bibliche[31].

3,10-17: *Non c'è nessun giusto, nemmeno uno* Sal 13 (14),1-3
non c'è chi comprenda,
non c'è nessuno che cerchi Dio!

Paolo parla di "giusto" (mentre che il Salmo parla di "chi fa il bene"), forse per l'importanza della giustizia in Rom 2,1-3,18. Il "non c'è" è un'aggiunta di Paolo, che assume un ruolo 'anaforico' (formula introduttiva ripetuta per sei citazioni bibliche).
Continua la citazione del Sal 13,3.

Tutti hanno smarrito la via, insieme si sono corrotti;
non c'è chi compia il bene, non c'è neppure uno.
La loro gola è un sepolcro spalancato, Sal 5,10
tramavano inganni con la loro lingua,
veleno di serpenti è sotto le loro labbra Sal 140,4
la loro bocca è piena di maledizione e di amarezza. Sal 10,7.

I vv. 13-14 sono accomunati dai riferimenti agli organi relazionati con la parola, con l'apparato 'fonetico': gola, lingua, labbra, bocca. Possiamo notare un *climax retorico* in questa sequenza[32], dove si procede dall'interno (la gola) all'esterno (la bocca). Così si passa dalla concezione universale del peccato (vv. 10-12) alla situazione del corpo umano, coinvolto anche nel peccato, dalla testa ai piedi. I riferimenti alla peccaminosità del corpo sembrano in relazione con la lista dei peccati in Rom 1,29-30 (dalle maldicenze all'universale peccaminosità).

I loro piedi corrono a versare sangue; Isa 59,7-8
rovina e sciagura è sul loro cammino
e la via della pace non l'hanno conosciuta.

La terza fonte in questa catena di citazioni è Isa 59,7-8, che è abbreviata, e perciò, alterata. Infatti, il testo della LXX (corrispondente al TM) è: *I loro piedi si affrettano a compiere il male, sono rapidi nel versare*

---

[31] "like a fireworks display toward a climatic explosion of scriptural condemnations in Rom 3:10-18": R. Hays, *Echoes of Scripture*, op. cit., 41.

[32] Come indica giustamente A. Pitta, *Lettera ai Romani*, op. cit., 148.

il sangue; e i loro ragionamenti sono ragionamenti insolenti, distruzione e miseria nelle loro vie, e non sanno la via della pace. Il Salmista ricorda chi sono quelli che godono la pace: *Grande è la pace per coloro che amano il tuo nome e non vi è per loro motivo di inciampo* (Sal 118,165). E anche: *La sua dimora fu posta nella pace e la sua abitazione in Sion* (Sal 75,3).

Non c'è timore di Dio davanti ai loro occhi   Sal 35 (36),2.

La formula "non c'è", che conclude la catena di citazioni, segnala una inclusione stilistica tra il v. 10 e il v. 18. "All'origine di ogni azione malvagia –scrive Pitta- si trova sempre la mancanza del timore di Dio, che praticamente significa la mancanza di rispetto per il suo giudizio e per la sua Legge"[33] (cfr. Dt 6,2; Pr 1,7). "Il timore di Dio –commenta Origene- rende l'uomo perfetto a tal punto che non gli manca nulla"[34], affermazione confermata dal Salmo: *Niente manca a coloro che lo temono* (33,10).

Impressiona la lunghezza della citazione biblica, che comprende vari passi tratti da vari libri (soprattutto Sal, ma Is/Pr). In Rom 9,25-33 ci sono anche altri ampi richiami biblici, ma quelli provengono solo da Profeti (Os e Isa), interrotti da quattro formule di citazione (9,25.27.29.33). Ovviamente Paolo annette una particolare importanza argomentativa a questa raccolta di testi, intrecciati insieme secondo una specifica compattezza logica.

Com'è stato detto, in questi versetti, Paolo enuncia due tesi originali e scioccanti, che si riveleranno fondamentali per tutto il prosieguo della sua trattazione: 1) tutti gli uomini sono sotto il peccato (v. 9); 2) le opere comandate dalla Legge non rendono giusto nessuno (con echi dal Sal 143,2). Si evince di queste citazioni un carattere d'ignoranza e indifferenza, un linguaggio di distruzione, d'inganno, maligno, e una condotta di oppressione. Una visione chiara della malvagità della natura umana, non però per la disperazione, ma piuttosto come una sfida verso la speranza[35].

---

[33] A. PITTA, *Lettera ai Romani*, op. cit., 149.
[34] *Commento alla Lettera ai Romani*, Libri I-VII, op. cit., 142.
[35] Si può completare questo pensiero in W. BARCLAY, *Letter to Romans*, op. cit., 51.

Si arriva a pensare, così, che l'intera sezione 1,18-3,20 fosse dedicata a rappresentare con colori foschi l'umanità tutta immersa in una grave situazione di peccato. Per fondamentare la sua tesi, che il mondo come un'universalità si trova sotto il dominio della *hamartía*, Paolo lascia parlare la Scrittura, che nella sua autorità è incontestabile. La Scrittura diventa il suo testimone. Il testo 3,9-20 aiuta a preparare immediatamente la svolta che sta per realizzarsi in 3,21ss. Questi versetti preparano e sottolineano la svolta che sta per succedere, e che si preparava già nel ragionamento dell'Apostolo. Egli ha bisogno e trova un'ulteriore, sintetica formulazione, che faccia meglio risaltare l'inaspettata tesi di una giustizia di Dio non conforme alle *categorie* della comune logica giudiziaria.

Il sommario conclusivo di questa prima parte dell'argomentazione – scrive Dunn- si riferisce a ciò che Paolo aveva già combattuto dall'ultimo e mezzo capitolo, particolarmente l'orgoglio giudaico nella legge, e specialmente nella circoncisione come la marca distintiva più fondamentale del popolo della legge[36].

Il destinatario *di* Paolo è il giudeo pio che aspettava la giustificazione da Dio in suo favore, proprio perché considerava se stesso essere "dentro la legge"[37].

In retorica questo fatto corrisponderebbe alla "perorazione", *peroratio*, che può anche chiamarsi *cumulum, conclusio, enumeratio, epilogus*. Appare qui per la prima volta il termine "peccato", *hamartía*. Nel suo linguaggio, Paolo impiega il termine "peccato" quasi esclusivamente al singolare (nella sola Rom, 45 volte su 48), e lo descrive come soggetto personificato, di una potenza sovrumana, a cui l'uomo è venduto, sottomesso, consegnato. Le parole di R. Penna, a proposito di questo punto, mi sembrano illuminanti: "Il punto fondamentale del pensiero di Paolo qui non è dire che gli uomini non hanno fatto altro che peccare, ma di chiarire che tutti sono *sotto il dominio* del peccato"[38].

Nella catena di passi biblici nei vv. 10-18, colpisce il fatto che sia non solo così lunga, ma anche la sua tonalità pessimistica, nella insistenza

---

[36] J. D. G. DUNN, *Romans 1-18*. Word Biblical Commentary, Word Books, Dallas, Tx 1988, 154.

[37] Cfr. J. D. G. DUNN, op. cit., 155.

[38] R. PENNA, *Lettera ai Romani*, op. cit., 213.

di una mancanza totale di chi compia il bene: "Non c'è nessuno". Lo scopo di Paolo, in questa catena di passi biblici, è lasciare chiaro che tutto il mondo senza eccezione è sotto il giudizio di Dio, come attesta Dunn:

> Il proposito della catena di accusazioni bibliche, schiacciante nella sua sostenuta denuncia dell'umana ingiustizia, è per ridurre al silenzio ogni protesta e qualsiasi tentativo di propria-difesa, per lasciare chiaro che tutto il mondo senza eccezione è responsabile davanti a Dio e soggetto di punizione[39].

Dobbiamo notare, nell'uso che Paolo fa della Bibbia, una particolare caratteristica, cioè una particolare libertà nel trattare i testi veterotestamentari: li conforma alle proprie necessità argomentative. Si può vedere come egli va ben oltre la prospettiva di quei passi: "mentre essi di fatto riguardavano solo Israele, costituendo un biasimo interno rivolto a quel popolo, ora Paolo li rilegge attribuendo loro una portata universalistica, poiché riguardano *tanto i giudei quanto i gentili, tutti* (v. 9b)"[40].

I ritocchi di Paolo nei vv. 10-12 sono evidenti. Paolo ha di fronte, non solo al giudeo, ma all'uomo stesso, nella sua personale situazione di frattura, debolezza e divisione interna.

I vv. 15-16 aggiungono la funzione negativa dei piedi. Abbiamo l'impressione di un aggravamento della situazione morale dell'uomo. Il costrutto "veloci sono i loro piedi" si oppone significativamente a quello analogo ma contrario, che Paolo trarrà dallo stesso Isaia (52,7), in Rom 10,15: *Quanto sono belli i piedi di coloro che annunciano il bene!* Parole inserite nel canto gioioso dell'annuncio di consolazione a Gerusalemme, che precede immediatamente al poema del Servo di 52,13ss: *Come sono belli sui monti i piedi del messaggero di lieti annunzi che annunzia la pace, messaggero di bene che annunzia la salvezza, che dice a Sion: "Regna il tuo Dio" […] Prorompete insieme in canti di gioia, rovine di Gerusalemme, perché il Signore ha consolato il suo popolo* (52,7ss).

---

[39] "The purpose of the catena of scriptural indictment, overwhelming in its sustained denunciation of human unrighteousness, is to silence all protest and any attempted self-defence, to make il clear that all the world without exception is answerable to God and liable to judgment": J. D. G. DUNN, , op. cit., 157.

[40] R. PENNA, op. cit., 215.

V. 18: L'espressione "timore del Signore" è tipicamente biblica; potrebbe considerarsi come una frase sintetica della spiritualità giudaica. Di essa qui si lamenta la mancanza.

V. 20: Agostino distingue quattro stadi nella storia dell'uomo: *ante legem, sub lege, sub gratia, in pace*. Per lui, vivere sotto la Legge significa essere vinti dalla concupiscenza. Le "opere della Legge" di Rom 3,20 sono le cose fatte in obbedienza alla Legge. Secondo Hays[41], dietro all'universale condanna di 3,20, si dovrebbe sentire l'eco del Sal 143, che fornisce a Paolo il linguaggio di preghiera che si rivolge a Dio come fonte di giustificazione e salvezza. Il testo di 3,20 è la transizione a 3,21ss e "apre, per così dire, la porta all'evangelo vero e proprio dell'Apostolo. Lo stato dell'umanità ha subito un cambiamento effettivo. Non vi sono più soltanto la legge e il peccato bensì v'è anche la giustizia di Dio, la quale si è manifestata mediante Gesù Cristo ed è accessibile a chi ha fede (3,21-31)"[42].

3,21: La giustizia di Dio si è manifestata, *attestata dalla Legge e dai Profeti*: ancora una volta, risuona l'eco del salmo 143. Ancora potremo trovare degli echi in alcuni profeti: *ti fidanzerò con me nella fedeltà* (Os 2,20); *Ecco verranno giorni –dice il Signore- nei quali con la casa di Israele e con la casa di Giuda io concluderò una alleanza nuova ... Porrò la mia legge nel loro animo, la scriverò sul loro cuore* (Ger 31,31-33). È importante notare che già l'AT aveva annunciato la giustizia di Dio come giustificazione, come si può vedere dalla lettura di questo salmo 143. Una lettura poco attenta potrebbe portare ad un'interpretazione sbagliata e a perdere di vista la continuità fra l'AT e il Vangelo[43]. Il fatto che Dio trattasse l'uomo empio, come si fosse giusto, era semplicemente incredibile, scandaloso. E noi veniamo a sapere che Dio è così, perché lo stesso Gesù ci ha detto: Dio ci ama, nonostante che siamo cattivi,

---

[41] R. HAYS, *Echoes of Scripture*, op. cit., 52.

[42] H. SCHLIER, *La lettera ai Romani*, op. cit., 183.

[43] Così attesta R. HAYS: "Caricature cristiane dell'AT fanno difficile per le generazioni tardive dei lettori gentili comprendere la passione di Paolo per affermare la continuità del suo vangelo con il messaggio della Legge e i Profeti. Seguendo gli echi del Sal 143, comunque, possiamo riscoprire l'idea scritturistica della giustizia salvifica di Dio come il fondamento dell'argomentazione di Paolo in Romani": *Echoes of Scripture*, op. cit., 53.

peccatori. Il *nynì* indica il *nunc* del tempo nuovo inaugurato dall'evento salvifico di Cristo, ma anche l'inserimento del credente in questo tempo nuovo di salvezza.

Ovviamente essere consapevoli di questo influisce il nostro rapporto con il Signore: essendo deboli e peccatori, siamo amati da Dio. Non siamo più estranei, lontani da Lui. Questo è proprio la *giustificazione per la fede in Gesù Cristo*. Abbiamo spesso la tentazione di cercare la giustificazione nelle nostre opere, nel nostro agire. Allora dovremo avere presente da dove viene questa grazia, come ci ricorda Barclay: "… il modo di obbedienza alla legge ha da fare con ciò che l'uomo può fare per se stesso; il modo della grazia, con ciò che Dio può fare, e ha fatto, per l'uomo"[44]. Per sottolineare la differenza tra Paolo e il Giudaismo, per quanto riguarda la giustificazione, Sanders afferma:

> The contrast between Paul and Judaism consists not merely in his assertion of the present reality of righteousness, but also in a much more decisive thesis –the one which concerns the condition to which God's acquitting decision is tied. The Jew takes it for granted that this condition is keeping the Law, the accomplishing of 'works' prescribed by the Law. In direct contrast to this view Paul's thesis runs –to consider its negative aspect first: *'without work of the Law'*[45].

Capitolo 4: Abramo, credente modello

Testo dedicato alla figura di Abramo, in funzione di due lezioni importanti: la giustificazione per la fede, non per le opere, e la validità universalistica della fede stessa. Il capitolo è stato definito come "un midrash esegetico" (Otto Michel), che offre un'ampia dimostrazione scritturistica delle considerazioni di 3,21-31. Paolo vuole argomentare che il Giudaismo proclama la sua relazione con Abramo, non tanto

---

[44] W. Barclay, *Letter to the Romans*, op. cit., 56. E prosegue nello stesso luogo: "Paolo è insistente che niente di ciò che noi possiamo fare può mai guadagnare per noi il perdono di Dio; solo ciò che Dio ha fatto per noi può guadagnare quello; perciò la via verso la giusta relazione con Dio si trova, non in un tentativo frenetico, disperatamente infausto, per guadagnare assoluzione per la nostra condotta; essa si trova nell'accettazione umile e pentita dell'amore e della grazia che Dio ci offre in Gesù Cristo": ibid.

[45] E. P. Sanders, *Paul and Palestinian Judaism*. SCM Press Ltd, London 1977, 3.

dalla discendenza fisica, ma dalla partecipazione alla sua fiducia nel Dio che fece le promesse. La proposta di Paolo però è antitetica in confronto con il Giudaismo, specialmente alla sua posizione stretta etnocentrica, secondo cui Dio sarebbe solo un Dio dei giudei.

L'argomentazione paolina è di una teologia più inclusiva: Dio è Dio per tutti, giudei e gentili. Nella benedizione pronunciata per Abramo sono inclusi tutti i futuri credenti, non importa se sono giudei o gentili. Questa sarebbe l'idea fondamentale del capitolo: Abramo è il padre di tutti i credenti, senza considerare l'origine[46]. Nella figura di Abramo, Paolo vede l'unità teologica delle due alleanze. Il capitolo non è un testo isolato, per descrivere un personaggio storico di rilievo, ma "the heart of the subject matter of which Paul writes"[47].

L'uso di Paolo in questo testo, dal punto di vista retorico, secondo Longenecker, corrisponde a un *paradeigma* ("Il risaltare una persona importante oppure il raccontare una storia significativa come un *exemplum* o modello da essere imitato o rigettato")[48], un ricorso retorico ampiamente usato da *rhetori* e scrittori sia dal mondo greco-romano come dagli antichi maestri e scrittori del giudaismo.

La giustizia di Abramo, basata sulla fede

In questo capitolo, Paolo farà l'esegesi di Gen 15,6, perché vuole provare ciò che aveva già enunciato nella *propositio* di 3,21-22, cioè *la giustificazione mediante la fede*, senza le opere della Legge. E lo fa appoggiandosi proprio nel primo libro della Bibbia.

Il capitolo si divide in due parti: a) vv. 1-12 (parola chiave: *essere accreditato*), in cui il personaggio principale è Abramo; b) vv. 13-25 (parola chiave: *promessa, promettere*), dove l'interesse viene messo nell'atto di credere.

---

[46] *TOB, Nuova Traduzione CEI*, nota a 4,1.

[47] *Reading Israel in Romans*. Edit. by Cristina GRENHOLM and Daniel PATTE, Trinity Press International 2000, 59.

[48] "The highlighting of an important person or the recounting of a significant story as an *exemplum* or model to be either imitated or avoided": R. LONGENECKER, *The Epistle to the Romans*, op. cit., 476.

Paolo sapeva quanto era conosciuto Abramo nel suo popolo, come il fondatore della nazione, l'uomo a cui Dio aveva parlato; era stato eletto, e aveva ubbidito a Dio, affidandosi totalmente nelle Sue mani. Considerato "amico di Dio" (2Cro 20,7; Isa 41,8), di grande estima fra i giudei e fra i cristiani-giudei, come attesta il Siracide:

Abramo fu grande antenato di molti popoli, nessuno ne fu simile a lui nella gloria. Egli custodì la legge dell'Altissimo, con lui entrò in alleanza. Stabilì quest'alleanza nella propria carne e nella prova fu trovato fedele. Per questo Dio le promise con giuramento di benedire i popoli nella sua discendenza, di moltiplicarlo come la polvere della terra, di innalzare la sua discendenza come gli astri e di dar loro un'eredità da uno all'altro mare, dal fiume fino all'estremità della terra (44,19-21).

Una grande maggioranza dei Rabbini, però, non vedevano la ragione della grandezza di Abramo nella sua fede, ma nel merito di essere un uomo giusto nel suo compiere la Legge *in una intuizione di anticipazione* (perché non c'era ancora la Legge). Perciò, Abramo, secondo loro, fu giustificato in ragione delle sue opere, non per la sua fede. "Prevaleva la tendenza a interpretare Gen 15,6 a partire da Gen 22,17-18 –dice giustamente Aletti- poiché quest'ultimo testo forniva la motivazione della benedizione divina e della copiosa discendenza: l'obbedienza!"[49]. Lo stesso era insegnato a Qumran: "Abramo fu promosso al rango di amico di Dio, perché aveva osservato i comandi divini (CD 3,2-3)"[50].

Il Vangelo, che invita a tutti i popoli, inclusi i gentili, a una giusta relazione con Dio, per la fede, conferma la Legge. Questa è la proposizione di Paolo, che vuole adesso dimostrare attraverso la lettura di Genesi.

Il capitolo 4 non è solo "una prova di Scrittura" usata da Paolo, ma una esposizione completa della alleanza che Dio fece con Abramo in Gen 15, dove mostra che l'intenzione di Dio era includere, in quest'alleanza, sia ai Giudei che ai Gentili nella famiglia di Abramo[51]. I tre punti principali della sua argomentazione corrispondono alle opere (vv. 2-8), alla circoncisione (vv. 9-12) e alla Legge (vv. 13-15).

---

[49] J.-N. Aletti, S.J., *La Lettera ai Romani. Chiavi di lettura*. Borla, Roma 2011, 40.

[50] Citato da Aletti, ibid.

[51] Dobbiamo notare che, in questo momento della storia di Abramo, era ancora chiamato "Abram", ma Paolo lo chiama già "Abramo" (un anacronismo).

4,3: *Abramo credette a Dio e ciò gli fu accreditato come giustizia*   Gen 15,6

Con il v. 2 comincia Paolo la sua argomentazione: sarebbe una giustificazione opposta a ciò che ne pensa lui? Ne dà anche un'immediata valutazione, totalmente negativa. Nessuno può vantarsi davanti a Dio. Per sostenere questa tesi, l'Apostolo trova l'appoggio biblico in Gen 15,6, di cui offre una sua propria e originale interpretazione. Con "la Scrittura", probabilmente vuole riferirsi a una singola collettività. Nel v. 3, Paolo cita la LXX quasi esattamente. Gen 15,6 è l'unico passo dell'insieme dei testi su Abramo in cui si parla sulla fede di lui come tale e sulla giustificazione come qualcosa concessa da Dio[52]. Ancora nel v. 11 aggiunge, citando Gen 17,11: "egli *ricevette il segno della circoncisione* quale sigillo della giustizia derivante dalla fede che aveva già ottenuta quando non era ancora circonciso".

4,7-8: *Beati quelli le cui iniquità sono state perdonate*
        e i peccati sono stati ricoperti;
        beato l'uomo al quale il Signore non mette in conto il peccato! Sal 32,1-2

Paolo combina Gen 15,6 (*Abramo credette in Dio, e ciò le fu accreditato come giustizia*) e il Sal 32,1-2, che esprime un macarismo. La lettura che fa della storia biblica è resultato della sua esegesi della Scrittura, cosicché Rom 3,21-4,25 attesta che la giustificazione manifesta in Gesù Cristo è quella del Dio di Israele, del Dio di Abramo. "L'esposizione di Gen 15,6 –afferma Dunn- in cui consiste il capitolo 4 è uno dei più raffinati esempi di midrash giudaico disponibile a noi in questa era"[53]. E Campbell aggiunge: "Abramo in Rom 4, non è semplicemente un'illustrazione del 'peccatore giustificato', ma si presenta come il primo del popolo di Dio"[54].

Paolo attribuisce questo passo a Davide, che, dalla figura della metonimia, rappresenta il Salterio. Potrebbe pensarsi che Paolo richiami

---

[52] Cfr. J. D. G. DUNN, *Romans 1-8*. Word Biblical Commentary, Word Books, Dallas, Tx 1988, 208.

[53] J. D. G. DUNN, *Romans 1-8*. 197.

[54] "Abraham in Rom 4 is not simply an illustration of 'the justified sinner' but stands as the first of the people of God": W. S. CAMPBELL, "The Freedom and Faithfulness of God in Relation to Israel". 13 (1981) 27-45.

questo personaggio che ha personalmente vissuto una vicenda di peccato e di perdono (2Sam 11,1-12,13: adulterio con Betsabea, assassinio di Uria, rimprovero di Natan, pentimento di Davide, remissione della sua colpa), e può diventare, insieme ad Abramo, un esempio di "empio/peccatore", a cui Dio perdona ogni colpa. Il testo salmico illustra il caso tipico del vero personaggio di riferimento, che è Abramo. Infatti, è questa storia che l'Apostolo richiama ancora più volte nel capitolo, mentre quella di Davide non è più considerata.

Paolo impiega un metodo ben conosciuto nel rabbinismo, quando adduce questo salmo a commento di Gen 15,6: nei due testi c'è una stessa parola che permette di agganciarli l'uno all'altro. Si tratta del metodo della *gezerah shawah* ("uguale designazione", *principio di equivalenza*). La parola che permette l'aggancio è il verbo *logízomai*.

Makarismòs non indica tanto la felicità, ma piuttosto la felicitazione: l'atto di elogiare la condizione fortunata di chi è felice. E questa sarebbe proprio la chiave di lettura del salmo: una dichiarazione di felicità, fatta da Davide. Così si può capire l'accostamento dei due testi: per il citato metodo rabbinico, che qui evidenzia la dimensione teologica del "computo". Solo qui, nell'AT, e in nessun altro caso, il termine *makarios* è connesso con l'idea di perdono dei peccati. In nessun altro caso del NT serve per commentare la giustificazione per fede. Paolo, invece, insieme al Salmo, lo afferma servendosi di tre verbi sinonimi: "rimettere" (togliere, portare via), "coprire" (nascondere, occultare), "computare" (tener conto). I peccati sono stati, non solo "ricoperti", secondo il significato della parola dell'AT, ma distrutti.

Lutero ha commentato a lungo questo versetto, ed è proprio qui che si trova la frase celebre, quasi un manifesto del luteranismo: "L'uomo è insieme peccatore e giusto (*simul peccator e iustus*): peccatore di fatto, ma giusto nella reputazione di Dio". Bisogna dire però che "questo tipo di spiegazione non è pertinente al pensiero di Paolo. Il simbolismo semitico del 'coprire' si muove nell'ambito di un linguaggio immaginoso proprio della mentalità orientale, che solo metaforicamente può esprimere il concetto di annullamento"[55]. Con la citazione del Sal 32, si evidenza che nell'evento della giustificazione non contano né

---

[55] Come fa vedere opportunamente R. Penna, *Lettera ai Romani*, op. cit., 305.

le opere del giusto osservante della Legge, ma soprattutto non contano nemmeno quelle del peccatore trasgressore della Legge! Il Dio del Vangelo è un Dio della grazia, cioè non tiene conto né delle une né delle altre! Così conferma Dunn: "Il perdono di Dio è fuori di ogni proporzione riguardo al numero di peccati commessi o ai rituali osservati; lui non fa il conto degli errori fatti o dell'espiazione realizzata (cfr. 1Cor 13,5)"[56].

4,15: "La legge provoca l'ira": ¡Grande sorpresa per il mondo giudaico! I vv. 13-18 sottolineano la dimensione storica di un atto. Non si tratta solo di un rapporto personale con Dio. Il credere fa entrare nella storia della salvezza, dal principio. È la storia di una famiglia immensa: quella di Abramo, il padre dei credenti. La scelta del patriarca fu abbandonarsi nelle mani di un Dio che le faceva una promessa il cui compimento sembrava impossibile. E fu l'opzione per la vita. Il segno della certezza fu la fecondità, segno della vita, segno del Dio vero. La fede di Abramo e degli altri credenti non fu una fede in Cristo, ma nel Dio che è la vita e vuole la vita di tutti. L'evento Cristo non modifica questa fede, ma piuttosto la conferma.

4,17: *Ti ho costituito padre di molti popoli*   Gen 17,5
4,18: *Così sarà la tua discendenza*   Gen 15,5

Introdurre queste parole con la formula "Come sta scritto" è un modo di conferire al passo biblico un'autorevolezza particolare nell'argomentazione paolina. La promessa si riferisce non tanto alla discendenza fisica attraverso Isacco, quanto piuttosto a una vasta posterità a orizzonte universale, che avrebbe incluso anche i gentili, *i goyim*. La fede di Abramo si riferisce univocamente a Dio, cioè come un atto costitutivo teologico. Né il nome né la figura di Gesù entrano qui in conto. Siamo di fronte a una fede ebraica, nella prospettiva del testo veterotestamentario. La connessione di questi due testi (Gen 17, 5 e Gen 15,5) sembra di essere un altro caso del metodo "pearl stringing"[57].

---

[56] "God's forgiveness is out of all proportion to the number of sins committed or rituals observed; he does not keep a score of wrongs done or atonement made (cf. 1Cor 13,5)": J. D. G. DUNN, op. cit., 230.

[57] Come è osservato da R. LONGENECKER, *The Epistle to the Romans*, op. cit., 516.

Nella chiusura dell'affermazione sulla fede di Abramo, *davanti al Dio nel quale credette,* Paolo aggiunge la lode di Dio: *che da la vita ai morti e chiama all'esistenza le cose che ancora non esistono* (4,17), presente in non poche delle preghiere giudaiche nel tempo di Paolo.

Si può capire quanto la posizione di Paolo sarebbe provocativa, se non scandalosa. Egli ha due motivi per esaltare Abramo: l'assoluta gratuità della sua giustificazione (sganciata da ogni osservanza delle Legge), e perché egli va considerato modello e perfino progenitore anche dei non-giudei credenti in Cristo. Dio compie la sua promessa, non per i meriti umani, ma solo dal suo amore incondizionato. L'uomo non può meritare l'amore di Dio, ma solo aspettarlo come grazia. Perciò la religione costrutta sul *fondamento* dell'obbedienza alla Legge crea una vita sottomessa in una serie di trasgressioni che aspettano solo la punizione[58]. Sappiamo dalla nostra esperienza quanto poco possiamo realizzare da noi stessi, e crediamo invece come Paolo che *tutto possiamo in Colui che ci conforta* (Flp 4,13).

Gen 15,6 è il punto di partenza dell'argomentazione paolina, di cui si può dire che tutta l'esposizione può essere considerata una sorta di *midrash,* cioè, dalle parole di R. Penna: "un commento che ne ricerca e ne esplicita la portata semantica ritenuta più corrispondente all'intenzione originaria del testo"[59]. Il verbo *logízomai,* "computare", è il collegamento del brano.

Nel 4,18 fa Paolo uno dei migliori elogi possibili: egli *credette sperando contro ogni speranza.* In un gioco di parole, la speranza è correlata alla fede, dove la speranza funge da fondamento della fede. Per aver creduto, gli fu concessa una discendenza incalcolabile, che gli era stata promessa prima. A questo proposito, Paolo riporta un nuovo testo biblico dalla storia di Abramo: *Guarda in cielo e conta le stelle, se riesci a contarle...: Così sarà la tua discendenza* (Gen 15,5), che precede immediatamente all'atto di fede del patriarca. L'Apostolo pensa all'adesione al Vangelo di molti gentili. Per lui sarebbero la discendenza *attuale* del patriarca, come un frutto della sua fede[60]. Sul v. 25: "La

---

[58] Cfr. W. BARCLAY, *Letter to Romans,* op. cit., 67.

[59] R. PENNA, op. cit., *Lettera ai Romani,* 288.

[60] Come conclusione di questo capitolo 4, si potrebbe ricordare che Gc 2,14-26 si basa sullo

giustizia è realmente una prima partecipazione alla vita di Cristo risorto" (Lyonnet)[61].

4,25: "*il quale è stato messo a morte per i nostri peccati ed è stato risuscitato per la nostra giustificazione*" non sembra apparentemente di avere, in questo versetto nessuna citazione dell'AT, e comunque i commentatori vedono qui un influsso dalla LXX, e concretamente a Isa 53,6 e 53,12, cioè il Canto del Servo Sofferente. Paolo usa qui questa breve affermazione della confessione cristiana, che sintetizza lo stesso cuore del Vangelo cristiano. A proposito di questo versetto, J. Fitzmyer annota giustamente: "L'affermazione del ruolo svolto dalla morte e risurrezione di Cristo nella redenzione oggettiva dell'umanità forma una conclusione giusta della parte A [i.e., 1,16-4,25] della sezione dottrinale di Romani"[62]. È da notare il legame tra la risurrezione di Gesù e la nostra giustificazione. È una abitudine di Paolo chiudere le sezioni ampie di materiale con una affermazione confessionale o una dosologia, in questa e in altre delle su lettere. Si può dire che queste chiusure, in certo modo, sono un sommario della sezione precedente, non tanto dal punto di vista di istruzione, ma piuttosto retorico.

---

stesso testo, Gen 15,6, per dimostrare che la giustificazione si attua, non solo dalla fede, ma a partire dalle opere. Se le tesi di Paolo e di Giacomo sembrano opposte, non lo sono. Quello che Paolo evidenzia in Rom 4, è il legame tra fede e gratuità del dono ricevuto. E Giacomo, "mediante un accostamento a Gen 22,17-18, ci mostra che fin dal principio la fede rende giusti –portando il credente ad agire, o, in altre parole, a compiere opere buone": J.-N. Aletti, *La Lettera ai Romani*, op. cit., 46. Per un complemento a questo tema, cfr. questa stessa opera, pp. 45-46.

[61] Nota nella Bibbia TOB, Nuova Traduzione CEI, Edit. Elledici, 2008, 2582.

[62] "The affirmation of the part played by Christ's death and resurrection in the objective redemption of humanity forms a fitting conclusion to part A [i.e., 1,16-4,25] of the doctrinal section of Romans": J. Fitzmyer, *Romans. A New Translation with Introduction and Commentary*, AB; New York: Doubleday, 1993, 390. Nello stesso luogo, Fitzmyer cita a Schlier, per completare il suo pensiero: "With this traditional formula, which is derived probably from Hellenistic Jewish Christianity, the goal of the first major division of the Letter to the Romans is reached, and it is shown that the central affirmations of 3,21-31, about the manifestation of God's uprightness in Jesus Christ and about the justification through faith connected with it were already attested in the Scriptures (of the OT), indeed in the case of Abraham [...]": H. Schlier, *Der Römerbrief. Kommentar*, HTKNT; Freiburg/Basel/Vienna: Herder, 1977, 137.

Sintesi della Prima Sezione:

Paolo si appoggia nella sua argomentazione, dopo la menzione delle "Scritture sante", nel Praescriptum (1,2), in 18 citazioni dall'AT, che sono prese concretamente dai *Salmi* (7): 31,6; 13,1-3; 5,10; 140,4; 10,7; 35,3; 32,1-2; dai *Profeti* (3): Ab 2,4; Is 52,5; 59,7-8; dai *Proverbi* (1): 24,12; dal *Pentateuco* (3): Gen 15,6; 17,5; 15,5. I testi menzionati sono collegati con la tematica della *fede* (Ab 2,4; Gen 15,6), la *giustizia di Dio* (Prov 24,12; Sal 62,13; Gen 15,5; Gen 17,5); la *denuncia o accusa* contro il popolo infedele (Sal 13,1-3; 5,10; 140,4; 35,2; Is 52,5); il *perdono* (Sal 32,1-2); la *promessa* (Gen 17,5; 15,5).

SECONDA SEZIONE: Rom 5-8
Il peccatore giustificato. Inserimento in Cristo. La vita nello Spirito

Nei **cc. 5-8** *troviamo* la presentazione di alcuni dei grandi temi paolini, come indica Wright: "L'amore di Dio che prende corpo nella morte di Gesù; la speranza, anche durante la sofferenza, di cui gode il popolo giustificato; il capovolgimento di Gesù del peccato di Adamo e dei suoi effetti; la libertà cristiana dal peccato, la legge e la morte stessa; la guida dello Spirito che da la vita"[1]. Non si sente più parlare da "mediante la sola fede". La prospettiva di questi capitoli è soprattutto *soteriologica*. Nei cc. 1-4, Paolo aveva messo l'accento sulla *fede*. Adesso, nei cc. 5-8, sulla *speranza,* offrendo il suo fondamento e le sue componenti (specialmente in Rom 5,1-11). L'immagine dello Spirito riversato viene da Gioele 3,1-2: *Dopo questo, io effonderò il mio spirito sopra ogni uomo e diverranno profeti i vostri figli e le vostre figlie; i vostri anziani faranno sogni, i vostri giovani avranno visioni. Anche sopra gli schiavi e sulle schiave, in quei giorni, effonderò il mio spirito.* "In tutto il NT questo versetto (5,5) è quello che afferma più chiaramente il legame fra l'amore e lo Spirito"[2].

Mi sembra giusta l'osservazione di Longenecker, su ciò che riguarda il proposito di Paolo, in questa sezione di 5,1-8,39, cioè consegnare ai credenti a Roma ciò che lui aveva indicato in 1,11: il suo *dono spirituale*[3]. Di un modo diverso a quello della prima parte (1,16-4,25), dove abbiamo trovato da quindici a diciotto citazioni bibliche, qui, in 5,1-8,39 ci sono solo due, e in qualche modo, tangenziali: *Non desiderare* (Es 20,17; Dt 5,21) e quella di 8,36: *Per causa tua, siamo messi a morte tutto il*

---

[1] N. T. Wright, "The Letter to the Romans", in: *The New Interpreter's Bible, Vol X*, op. cit., 508.

[2] Nota a Rom 5,5, della Bibbia TOB, op. cit., 2583.

[3] R. Longenecker, *The Epistle to the Romans*, op. cit, 538.

giorno, siamo trattati come pecore da macello, citazione del Sal 44,22, che diventò una antica confessione cristiana.

Capitolo 5: Il peccatore giustificato. Fondamenti cristologici

L'affermazione di 5,1 è vista come una 'cerniera' letteraria che sintetizza l'argomento di 1,16-4,25 e prepara a quello che segue. Paolo usa qui la forma retorica della *transitio,* definita nel secolo I dall'autore anonimo della *Rhetorica ad Herennium* come un'affermazione che "ricorda brevemente ciò che è stato detto, e di modo anche simile indica ciò che segue in continuazione"[4]. Il materiale di 5,1-11 funziona come una transizione e come una tesi di ciò che seguirà in 5,12-8,39. Alcuni temi di 5,1-11 saranno ripresi in 8,18-39, creando così una sorta d'*inclusio retorica.* In termini generali, si può dire che nella prima parte, Paolo usa un linguaggio giuridico, forense, e in questa seconda, uno più personale e relazionale.

Quale sarebbe la funzione del capitolo 5 nella strategia argomentativa della lettera? Dalla lettura attenta dell'insieme della sezione si potrebbe trovare questa funzione. Si possono distinguere due sottosezioni: 5,1-11 (la mediazione di Cristo: valore) e 5,12-21 (Cristo e Adamo: confronto). La prima pericope, 5,1-11, sembra avere un'articolazione autonoma. Si distinguono tre effetti dell'evento-Cristo: giustificazione (5,1-9), salvezza (5,9-10) e riconciliazione (5,1.10-11). Comincia qui una parte nuova, che va fino a 8,39.

Si possono trovare, in questa sezione, diversi elementi retorici che appartengono allo stile epistolare dell'epoca ("epistolary conventions"), come i verbi di dire (*Che diremo dunque?*: 6,1), i verbi di parlare (*parlo a gente esperta di legge*: 7,1), alcune formule ("disclosure formulas"): ... *o non sapete...?* (6,3); *non sapete...* (6,16); il vocativo *"fratelli"* (7,1.4; 8,12), che probabilmente erano espressioni in relazione con modi retorici o di uno stile di persuasione[5].

---

[4] *Reht. Her.* 4.26.35.

[5] Per una descrizione più completa di queste si veda R. Longenecker, *The Epistle to the Romans,* op. cit., 543-545.

Nei vv. 1-5 abbiamo uno dei passi paolini dove lui esprime lirica-mente la gioia della sua fiducia in Dio[6]. Per la mediazione di Gesù, siamo introdotti alla grazia in cui ci troviamo. Le parole di Isaia: *Prin-cipe della pace* (9,6), possono essere riferite a Gesù Cristo; come anche quelle del Salmo: *Nei suoi giorni fiorirà la giustizia e abbonderà la pace* (72,7). Possiamo notare che questa pace è concepita da Paolo in unione con la giustizia. Su questo punto potrebbero illuminare le parole del Salmo: *giustizia e pace si baceranno* (85,10).

Sul significato di "essere in pace con Dio", possiamo ricordare che "la pace è il grande bene messianico e non una semplice disponibilità di animo"[7]. Si tratta del *shalom* o 'completeness' nella relazione del credente con Dio. *La grazia nella quale ci troviamo* si riferisce alla nuova situazione dell'uomo giustificato. Il Crisostomo completa questo pen-siero con il suo insegnamento:

> Ché significa *noi siamo in pace*? Alcuni lo spiegano così, che non dobbia-mo scatenare discordie, discutendo per introdurre la legge; ma a me pare piuttosto che qui si stia parlando del modo in cui noi dobbiamo vivere. [...] Paolo intende che dobbiamo non peccare più e non ritornare alla vita di prima, che significa essere in guerra contro Dio. E come può accadere, che non pecchiamo più? [...] Paolo mostra come non solo ciò sia possibile, bensì anche ragionevole: giacché Cristo ci ha riconciliati con Dio mentre gli muovevamo guerra, è certamente ragionevole pensare che possiamo persistere in questa condizione di riconciliazione, e corrispondergli, perché non appaia che Egli ha riconciliato con il Padre dei malvagi e degli ingrati[8].

Si tratta dunque del regno della pace che Dio ha fatto spuntare, la pace del cuore che viene a noi in Cristo Gesù mediante lo Spirito, la pace che Paolo si augura che possa accompagnare la chiesa (Gal 6,16), che "custodirà i cuori in Gesù Cristo" (Flp 4,7).

Per parlare di questa 'introduzione', Paolo usa la parola *prosagogē*[9].

---

[6] Come attesta W. BARCLAY, *Letter to Romans*, op. cit., 70.

[7] Si veda la Bibbia TOB, nella nota a Rom 5,1, op. cit., 2583.

[8] G. CRISOSTOMO, *Omelie su Romani 9,2* en: *La Bibbia commentata dai Padri. Romani*. A cura di Gerald Bray, Città Nuova, Roma 2006, 191.

[9] Per spiegare questo versetto, BARCLAY tenta una parafrasi: "Gesù ci conduce verso la stes-sa presenza di Dio. Gesù aprì per noi la porta alla presenza del Re dei Re; e quando la porta è aperta ciò che troviamo non è condanna, non giudizio, non vendetta, ma la pura, non aspet-

In relazione con *lo Spirito riversato*, l'immagine è quella dell'acqua che da vita riversata, da Isa 44,3: *poiché io farò* scorrere acqua dal suolo assetato, torrenti sul terreno arido. Nell'AT, il "riversare" di un attributo divino risulta un *commonplace*: la "misericordia" (Sir 18,11), la "sapienza" (Sir 1,9), la "grazia" (Sal 45,3), l' "ira" (Os 5,10; Sal 69,25; 79,6), lo "Spirito" (Gl 3,1-2), uno "Spirito di bontà e supplica" (Zac 12,10).

Le persecuzioni e tribolazioni[10]che i cristiani devono affrontare ancora sembrerebbero smentire la speranza di poter godere questa gloria di essere già salvati. Invece, esse spingono i cristiani proprio a consolidare la loro fede nella paziente sofferenza, così che la speranza sia ricompensata. E possono pregare con il Salmo: *dalle angoscie mi hai liberato* (4,1). Nell'AT, il riferimento è soprattutto alle sofferenze del giusto, come si esprime nei Salmi: *La salvezza dei giusti viene dal Signore: nel tempo dell'angoscia è loro fortezza* (37,39); *invocami nel giorno dell'angoscia: ti libererò e tu mi darai gloria* (50,15). Su questo tema, Giovanni Crisostomo aggiunge:

> Non solo le persecuzioni non cancellano una tale speranza, ma al contrario la rinforzano. In prospettiva futura, la persecuzione genera un grande frutto oltra alla costanza, e cioè che rende saldo chi è messo alla prova; conferisce anche qualcosa a quanto deve accadere: fa sì, infatti, che la speranza si rinforzi in noi, perché nulla predispone alla speranza dei beni futuri come una coscienza serena[11].

I fedeli, i missionari e soprattutto gli apostoli non possono sfuggire da questa situazione di afflizione.

Nella proclamazione di Paolo, possiamo trovare la *Riconciliazione* (Rom 5,10) come il centro del vangelo cristiano, ed è cioè "l'amore e il proposito di Dio, il ministero e la morte di Cristo, le più antiche confessioni cristiane, e la propria esperienza religiosa di Paolo come

---

tata (undeserved), non guadagnata, non meritata (inmerited), incredibile bontà di Dio": *The Letter to Romans*, op. cit., 71.

[10] "Nell'AT questa parola indica soprattutto le tribolazioni del popolo e degli uomini pii. Così, nei Salmi essa esprime le sventure del giusto (Sal 37,39; 50,15)… È una condizione alla quale missionari e fedeli non possono sfuggire (Gv 16,33; At 14,22; 1Ts 3,3)": Nota TOB a Rom 5,3, op. cit., 2583.

[11] G. CRISOSTOMO, *Omelie su Romani 9,1* en: *La Bibbia commentata dai Padri*. Romani A cura di Gerald Bray, Città Nuova, Roma 2006, 195,

cristiano"[12]. Chiarificando ancora di più il suo pensiero su questo argomento, Longenecker sostiene:

> The apostle encapsulates all of that "better way" of the Christian proclamation within his favorite soteriological expression "the reconciliation" (*ten katallagen*) –which he insists is not something that the Christian himself or herself has brought about but is something that "we have received (*elábomen*) through our Lord Jesus Christ[13].

Nella sottosezione di **5,12-21** abbiamo un passo che ha avuto un grande influsso nella teologia, che presenta anche grande difficoltà per la sua comprensione; una ripresa della prospettiva universalistica-negativa di 1,18-3,20. Sembra un discorso di "trattato", cioè di tono contemplativo, cambio alla terza persona. Dal tempo dei Padri fino ad oggi, Rom 5,12-21 è stato uno dei passi più discussi nelle lettere di Paolo. Comparazione tra Adamo e Cristo. L'accento è sulla grazia di Cristo. Nello sviluppo di questi versetti, 12-21, l'Apostolo contrappone all'economia del peccato quella della grazia[14], sottolineando l'opposizione tra Adamo e Cristo, e mostrando la superiorità di Cristo. Il vocabolario è molto ricco. Il brano può essere classificato retoricamente come *syncrisis* (una comparazione di persone, oggetti o cose, dove si sottolineano le deficienze e le superiorità). Risalta l'opposizione: "uno solo ... tutti/molti".

Sono adoperati diversi procedimenti retorici: la comparazione, l'argomentazione *a fortiori*, la figura della prosopopea. Per far vedere l'importanza di questo brano, Fitzmyer argomenta: "In un senso, questo paragrafo costituisce il secondo più importante passo nella lettera, essendo il primo 3,21-26. Il paragone di Adamo e Cristo somma al modo suo tutto quello che Paolo ha detto fin qui nella lettera"[15]. L'Apostolo contempla la storia dell'umanità nel suo insieme, la storia che ogni uomo ha davanti a sè, che trova come realtà ormai fatta, ma anche contribuisce a fare. È qualcuno che coopera a fare questa storia. Si tratta di una esposizione didattica, in cui Paolo deduce e argomenta.

---

[12] R. LONGENECKER, *The Epistle to the Romans*, op. cit., 566. Ancora T. W. MANSON, sulla riconciliazione in Paolo, indica: "the keyword of Paul's gospel": London: SCM, 1963, 50.

[13] *The Epistle to the Romans*, op. cit., 571.

[14] Nota della BIBBIA TOB, a 5,12, op. cit.

[15] J. A. FITZMYER,, *Romans*. The Anchor Bible Vol. 33, New York 1992, 406.

Ciò che presenta Paolo in questa sezione, 5,12-21, è la storia che lui prende da Gen 3, e tratta del peccato e la morte dovute al peccato di Adamo. Se Paolo universalizza la storia biblica del peccato di Adamo e le sue conseguenze terribili, più importante ancora è l'universalizzazione che fa della persona di Gesù Cristo che contrasta il risultato dell'azione di Adamo con la storia molto più grandiosa della "grazia di Dio" e la giustificazione realizzata "per mezzo di Gesù Cristo nostro Signore".

Di fronte al pensiero della morte, proviamo ribellione, come costata K. Barth:

> Vorremo protestare a nome della vita contro la morte, se soltanto la protesta della morte contro la nostra vita non fosse tanto più antica e imponente. Vorremo guardarci dal sospetto e dalla riserva scettica che accompagna ogni affermazione non dialettica, vorremo guardarci dalla pallida luce della negazione *ultima*, che sopprime d'un colpo, in mille negazioni preliminari, ogni incedere creatore, sano, costruttivo, positivo dell'uomo, [...][16].

Di un modo simile, Olivier Clement, commenta sulla morte:

> Nella nostra civiltà ricca di conoscenza e di potere, non si danno più risposte all'enigma della morte. Vorremo dimenticarla, ma essa si manifesta continuamente nell'odio, l'oppressione, la separazione, la malattia, nella scomparsa di quelli che amiamo. Per questo il messaggio di Pasqua risuona oggi con forza rinnovata. Dio s'incarna, soffre, muore, discende agli inferi per schiacciare la morte e l'inferno e fare di noi dei viventi[17].

Secondo Schlier, la morte è la forma e il modo in cui il peccato esercita il suo dominio[18]. In Adamo siamo rappresentati tutti noi, che portiamo il segno di una comune origine; egli rappresenta la potenza del peccato, che, insieme con la morte, regna nel mondo. Tutti gli uomini rappresentano *l'uomo*. Infatti, la potenza del peccato impera nel mon-

---

[16] K. Barth, *L'Epistola ai Romani*. Feltrinelli, Milano 1962, 145 (orig.: *Der Römerbrief*. Zürich 1954).

[17] O. Clement *La Gioia della Resurrezione*. Mondadori, Milano 2016, 52 (orig. *Joie de la Résurrection*).

[18] H. Schlier, *Lettera ai Romani*. Paideia, Editrice Brescia, 1982, 276 (orig. *Der Römerbrief*. Herder, Freiburg 1979).

do attraverso la nostra esistenza storica. Di per sé, è estranea all'ordine della creazione e alla natura dell'uomo in quanto creatura. Gen 2s descrive gli inizi della manifestazione del peccato, che progredisce contemporaneamente col diffondersi del genere umano. Sembra che il testo vuol rappresentare, sia l'essenza del peccato, che le sue conseguenze: i travagli e le sofferenze dell'uomo.

Quando si dice "peccato" e si afferma che il regime o la potenza del peccato ha fatto il suo ingresso nel mondo attraverso Adamo, ciò significa che l'esistenza adamitica –scrive Schlier- non è semplicemente una fatalità di morte, intesa come il destino di un essere celeste decaduto, bensì è una decisione personale sia dell'uomo dal quale io provengo, sia anche di me stesso. Si tratta allora di un'adesione radicalmente egoistica alla mia origine, [...][19].

Adamo significa dunque l'esistenza umana nel suo modo concreto di essere nel mondo, l'esistenza in cui l'uomo si trova e porta avanti la sua vita di ogni giorno. Nonostante che Adamo sia una figura simbolica, Paolo lo tratta come una figura storica, come annota giustamente Fitzmyer:

Paolo tratta Adamo come un essere umano storico, primo padre dell'umanità, e lo contrasta con il Gesù Cristo storico. In Genesi però Adamo è una figura simbolica, che denota l'umanità [...]. Alcuni commentatori di Romani hanno tentato di interpretare Adamo in questo senso simbolico qui [...]; però questa lettura fa violenza al contrasto che Paolo adopera in questo paragrafo fra Adamo come "un solo uomo" e Cristo come "un solo uomo", che implica che Adamo fu un individuo storico tanto come fu Gesù Cristo. Così Paolo ha storicizzato Adamo della Genesi[20].

L'esegesi cattolica tradizionale, quasi unanimamente ha interpretato, specialmente 5,12, la causalità del peccato di Adamo verso la peccaminosità degli individui umani. Questa tradizione trovò la sua

---

[19] H. Schlier, *Lettera ai Romani*. Paideia Editrice Brescia, 1982, 319 (orig. *Der Römerbrief*. Herder, Freiburg 1979). Con lo stesso pensiero, prosegue Schlier: "L'*humanitas* dalla quale ciascun uomo procede e che ciascuno rappresenta è anche la sfera in cui ciascuno vive. L'individuo umano non esce da quella sfera, in quella sfera è 'a casa sua', è uomo": ibid., 320.

[20] J. Fitzmyer, *Romans*, op. cit., 407-408.

espressione conciliare formale nel decreto Tridentino *Decretum de peccato originali*, Sess. V, 2-4[21]. Dobbiamo stare attenti: Paolo, che scrive in greco, non parla di *peccato originale*. La formulazione paolina dovrà essere intesa come è, come attesta Fitzmyer: "In questo caso, l'insegnamento di Paolo è visto come seminale e aperto a uno sviluppo dogmatico più tardi, e ciò non dice tutto quello che dice il decreto Tridentino"[22]. Il peccato originale, nell'opinione di Enzo Bianchi, molto giusta, va considerato come un peccato *inaugurale*, non come un peccato *causale* (Conferenza sul Male, inedita).

Anche se la storia di Gen 3 è stata descritta come "la caduta", ciò che il capitolo realmente insegna è la perdita della fiducia e amicizia di Dio da parte di Adamo ed Eva, per la loro disobbedienza. Nella storia stessa non c'è un segno di "caduta" dalla grazia o dalla giustizia originale, come la patristica e la teologia scolastica a un certo momento avevano formulato. Come sostiene ancora Fitzmyer, il "peccato originale" è una idea cristiana[23], e Paolo non ha spiegato come il peccato di Adamo sia stato trasmesso. Quando Agostino introdusse l'idea di *gratia sanans* e *grazia elevans*, la storia di Gen 3 è stata riformulata in termini di "la caduta": Adamo cade dalla grazia. La dottrina dell'unità del genere umano in Adamo viene dal Giudaismo, dalla tradizione rabbinica. Già M. Flick, nella *Nota* "Lo stato di peccato originale", diceva:

> Il peccato originale consiste dunque nell'incapacità da parte del figlio di Adamo di amare Dio sopra tutte le cose. La privazione della giustizia originale è implicita in questo stato, non soltanto in quanto, senza tale giustizia, l'uomo non può più amare Dio con amore di carità, ma perché egli è lasciato senza forze sufficienti per superare il problema del dolore, vincere la concupiscenza e resistere all'insidie del diavolo[24].

In **5,12-21** l'accento è messo sulla grazia di Cristo. Il vocabolario

---

[21] Per un'informazione più completa su questo punto, cfr. J. Fitzmyer, *Romans*, op. cit., 408.

[22] "In this case Paul's teaching is regarded as seminal and open to later dogmatic development, but it does not say all that the Tridentine decree says": J. Fitzmyer, ibid.

[23] J. Fitzmyer, *Romans*, op. cit., 409.

[24] M. Flick, "Lo stato di peccato originale", in: *Gregorianum XXXVIII*, 1957, 309. Lo stesso autore, sul significato del peccato originale, aggiunge: "la radicale incapacità dell'uomo, una volta arrivato all'età del discernimento morale, di poter scegliere Dio come il suo sovrano bene": ibid.

adoperato è molto ricco; e dal punto di vista retorico, è notevole l'opposizione: "uno solo ... tutti/molti". L'Apostolo utilizza qui diversi procedimenti retorici: la comparazione, l'argomentazione *a fortiori*, la figura della prosopopea.

5,12: A proposito dell'ingresso della morte nel mondo (*a causa di un solo uomo il peccato è entrato nel mondo e, con il peccato, la morte*), troviamo un eco nel libro della Sapienza: *Per l'invidia del diavolo la morte è entrata nel mondo e ne fanno esperienza coloro che le appartengono* (2,24)[25]. Su questo punto, commenta il Crisostomo: "In che modo è comparsa la morte e come ha preso il sopravvento? Per il peccato di uno solo; e una volta caduto egli, anche coloro che non avevano mangiato dell'albero sono stati resi mortali per la sua colpa"[26].

L'interesse di Paolo non si focalizza tanto sul peccato dalle origini quanto sul fatto che tutti sono coinvolti nell'invasione di peccato e di morte che si è scatenata sul mondo. L'Apostolo aggiunge una conclusione che va totalmente in disaccordo con il Giudaismo: la Torah non ha modificato nulla nella condizione adamica. Lascia l'uomo nella sua miseria. Per il Giudaismo, la promulgazione della Torah aveva cambiato positivamente la sorte dell'umanità. Paolo dimostrerà invece che la Legge mosaica lascia all'uomo nel potere del peccato. Anche se non si può provare (ma non si può nemmeno escludere), numerosi commentatori pensano che nella formulazione del v. 19b, *per l'obbedienza di uno solo tutti saranno costituiti giusti*, c'è un'allusione al ultimo canto del Servo sofferente di Isaia: *Il giusto mio servo giustificherà molti, egli si addosserà la loro iniquità* (53,11).

A proposito del *eph' ho*, su cui c'è stata fatta tanta discussione[27], Fitzmyer conclude:

---

[25] "Interpretazione di Gen 3: il diavolo sarebbe stato invidioso della vocazione dell'uomo all'immortalità": Nota della Bibbia TOB, op. cit., nota corrispondente (Sap. 3,24).

[26] G. Crisostomo, *Omelie su Romani 10,1*, op. cit., 205.

[27] Già Agostino aveva scritto: "Però tutti i bimbi non in base a una caratteristica della propria esistenza, ma sulla base della comune origine del genere umano, hanno violato nel primo uomo l'alleanza di Dio, perché in lui tutti hanno peccato": *La città di Dio* 16,27, en: *La Bibbia commentata dai Padri*, op. cit., 205.

Eph' ho, dunque, significherebbe che Paolo sta esprimendo un risultato, la sequela del malefico influsso di Adamo sull'umanità per la ratificazione del suo peccato nei peccati di tutti gli individui. Così concederebbe ai peccati dell'individuo umano una causalità secondaria o una responsabilità personale per la morte [...]. Così Paolo nel v. 12 sta ascrivendo la morte a due cause, non senza relazione: a Adamo e a tutti i peccatori umani. La sorte dell'umanità in ultimo termine s'appoggia in ciò che il suo capo, Adamo, è ascritto ad Adamo, senza importare quale significato sia assegnato a *eph' ho*, e una secondaria causalità ai peccati di tutti gli esseri umani. Perché "nessuno pecca totalmente da solo senza aggiungere al peso collettivo del genere umano[28].

Paolo aveva già scritto in 3,23: *Tutti hanno peccato e sono privi della gloria di Dio*; e un po' prima: *Tutti sono sotto il peccato* (3,9). Perciò, l'uomo è doppiamente *uomo*, come colpevole (autore del peccato) e come vittima (di una forza maggiore di lui). L'esegesi dei Padri latini (cioè un'esegesi ormai antica), fra i quali, Agostino e Tommaso d'Aquino, come anche il Concilio di Trento, dipendeva dalla versione della *Vetus Latina* e della *Vulgata*, la cui traduzione ritenuta giusta era: *in quo*. Il pronome era riferito direttamente a Adamo, nonostante che nella costruzione della frase manca il suo nome. Per loro (e anche per Lutero) si trattava di una misteriosa inclusione di tutti gli uomini nello stesso atto di peccato di Adamo.

---

[28] *Eph' ho*, ", then, would mean that Paul is expressing a result, the sequel to Adam's baleful (malefica) influence on humanity by the ratification of his sin in the sins of all individuals. He would thus be conceding to individual human sins a secondary causality or personal responsibility for death [...]. Thus Paul in v. 12 is ascribing death to two causes, not unrelated: to Adam and to all human sinners. The fate of humanity ultimately rests on what its head, Adam, is adscribed to Adam, no matter what meaning is assigned to *eph' ho*, and a secondary causality to the sins of all human beings. For 'no one sins entirely alone and no one sins without adding to the collective burden of mankind'": J. Fitzmyer, *Romans*, op. cit., 416. R. Penna non sembra essere d'accordo nell'attribuire la presenza del peccato a due cause diverse, quando argomenta: "In ogni caso, L'Apostolo non intende spiegare la presenza del peccato nel mondo in base a due cause diverse, come se fossero indipendenti (cioè il peccato di Adamo e i peccati degli altri uomini); al contrario, il suo ragionamento presuppone che il peccato di Adamo abbia *quodammodo* coinvolto tutti gli uomini in un'oggettiva situazione di peccato e di morte [...], dalla quale essi non possono uscire se non per opera di Gesù Cristo": *Lettera ai Romani*, op. cit., 378.

I Padri greci avevano un'altra opinione: nel pronome *ho* vedevano un neutro e nell'insieme del costrutto, non il riferimento al peccato di Adamo, ma ai peccati personali di tutti gli uomini. Perciò mi sembra giusta l'affermazione di R. Penna, "il sintagma paolino è costruito non al maschile ma al neutro"[29]. Così, il pronome, invece di un pronome relativo, sarebbe una congiunzione causale del tipo *dioti/hoti*.

In ogni modo –annota la TOB-, il testo del versetto, come il contesto dei vv. 12-18, suppone una relazione di solidarietà tra la trasgressione di Adamo e i peccati personali di ciascun uomo... Bisogna ancora notare che agli occhi di Paolo, come agli occhi dei suoi contemporanei, Adamo non è soltanto un individuo storico, ma anche e soprattutto il personaggio che include tutta l'umanità [30].

A proposito del *pántes* ancora, Longenecker, d'accordo con Fitzmyer, scrive: "The *pántes* is emphatic and cannot be toned down; and the constative use of the third person aorist indicative, *hémarton, signals the actual sins of individual people througout the course of human history*"[31].
Nella nota al testo rispettivo, la Bibbia TOB afferma:

L'espressione greca tradotta con *poiché* è stata intesa: 1. come congiunzione (perché, per il fatto che, ragione per cui, dal momento che...), e questo grammaticalmente sembra il senso più sostenibile... Per alcuni Padri greci, e per un buon numero di esegeti cattolici (Lagrange, Lyonnet) e protestanti (Calvino, Michel), Paolo qui intenderebbe soprattutto i peccati personali commessi da ogni uomo: è attraverso di essi che la potenza del peccato, introdotta nel mondo da Adamo, ha prodotto nel mondo i suoi effetti di morte[32].

Nell'opinione di Longenecker, si potrebbe dire, per capire il pensiero di Paolo in 5,12, che si parla di un doppio livello: 1) una malvagità ereditata, che scaturisce dal peccato di un uomo e il risultato di una esperienza di morte che si è estesa a tutta la storia umana, e 2) i pec-

---

[29] R. Penna, *Lettera ai Romani*, op. cit., 376, dove si può trovare una spiegazione più completa su questo versetto.
[30] Nota a 5,12 della BIBBIA TOB, op. cit., 2584.
[31] R. Longenecker, *The Epistle to the Romans*, op. cit. 590; si veda anche J. Fitzmyer, *Romans*, 417.
[32] Bibbia TOB, Nuova Traduzione CEI, op. cit., 2584.

cati personali di ogni singola persona attraverso il corso della storia, che si possono trovare nei diverse espressioni di corruzione del popolo[33]. In ogni modo, su questo punto c'è senza dubbio un cammino da percorrere, nel senso che rimane misterioso e ancora da approfondire e comprendere di più, con la luce dello Spirito. Per fortuna, la visione triste della storia, come conclusione, non è il proposito di Paolo, ma la proclamazione della Buona Novella, il trionfo della grazia di Dio, nella persona e opera di Gesù Cristo[34].

Il Crisostomo, a proposito della grande opera realizzata da Dio in noi, nonostante e malgrado la nostra malvagità, commenta:

Infatti, siamo stati liberati dalla punizione, e ci siamo svestiti di ogni nequizia, e siamo stati rigenerati dall'alto, e siamo risorti dopo avere sepolto l'uomo vecchio, e siamo stati redenti, e siamo stati santificati, e siamo stati condotti alla filiazione adottiva, e siamo stati giustificati, e siamo diventati fratelli dell'Unigenito, e siamo stati costituiti suoi co-eredi e con-corporei, e come lo è il corpo al capo così siamo stati uniti (a lui). E tutte queste cose Paolo le chiama abbondanza della grazia, facendo vedere che abbiamo ricevuto non solo un farmaco pari alla ferita, ma anche la sanità e la bellezza e l'onore e la gloria e la dignità che superano di gran lunga la nostra natura (PG 60,477).

Capitolo 6: L'inserimento in Cristo: il battesimo

Il peccato, una prova superata (6,1-14)

Il capitolo si apre con due interrogazioni retoriche che sembrano rappresentare due accuse mosse a Paolo. L'inizio del cap. 6 è una pagina molto speciale nelle Lettere paoline, forse delle più forti (specialmente i vv. 1-11), per la sua qualità propositiva: un fondamento cristologico dell'agire etico del battezzato, che è proprio la sua unione con Cristo[35]. Dopo aver accettato Cristo nella propria vita, per il cristiano non si tratta più di un cambiamento etico, ma di una reale identificazione con il Signore. In realtà, non è possibile riuscire a fare

---

[33] R. LONGENECKER, *The Epistle to the Romans*, op. cit., 590.

[34] R. LONGENECKER, *The Epistle to the Romans*, op. cit., 591.

[35] Cf. ALETTI, *La Lettera ai Romani*, op. cit., 60.

un vero cambiamento etico se non c'è l'unione con Cristo. Perciò, se si limita il Cristianesimo a un'esigenza etica, se ne fa una riduzione. L'importanza della sezione si trova soprattutto nel tema della *partecipazione alla morte di Cristo,* cioè la nostra esistenza intesa come liberata dal dominio del peccato e come fondamento di una vita nuova, che il v. 11 sostiene in forma di tesi.

Paolo combina nel suo discorso il kerygma e la parenesi, sottolinea il ritmo pasquale della sorte di Cristo e dell'identità cristiana, e va alternando i due aspetti della Pasqua, nei vv. 1-11. E nei vv. 11-14 riflette sull'agire morale. La comprensione di Paolo sul battesimo è come un nuovo esodo, dove il Messia rappresenta e guida il suo popolo.

Per la prima volta troviamo qui la dottrina paolina che descrive il battesimo come immersione nella morte e risurrezione in/con Cristo nel NT. È un'originalità sua. Secondo Paolo, col battesimo, il cristiano è avvolto da Cristo, che diventa il suo nuovo spazio vitale. Il v. **3b** contiene la concezione paolina del battesimo, originale e profonda. L'Apostolo stabilisce qui un nesso stretto con l'evento della morte di Cristo, che non si trova in altri scrittori neotestamentari. Essere battezzati *in Cristo,* secondo Paolo, significa essere battezzati *nella sua morte: O non sapete che quanti siamo stati battezzati in Cristo Gesù, siamo stati battezzati nella sua morte?*

Sul *significato* di questa partecipazione del cristiano alla morte di Cristo, per il battesimo, scrive Penna:

> L'affermazione di Paolo riguarda sicuramente una partecipazione attuale e storica, da parte del cristiano, a Cristo e alla sua morte. Non nel senso che Cristo muoia sempre di nuovo, ma nel senso che il cristiano è misteriosamente inserito nell'unica morte individuale di Cristo [...]. Il discorso primario di Paolo verte non tanto sul battesimo del credente quanto piuttosto sulla morte di Cristo. È là che si trova il tesoro inestimabile e inesauribile di tutta la redenzione. L'importante è dunque che il credente sia inserito in quella morte, che è evento fondante e inclusivo [...]. Ebbene, il battesimo d'acqua rappresenta evidentemente la mediazione attuale, gestuale-sacramentale, di quello straordinario avvenimento del passato, che in questo modo viene per così dire rappresentato[36].

---

[36] R. PENNA, *Lettera ai Romani,* op. cit., 425. Sullo stesso argomento, commenta WRIGHT: "6,6-

L'aspetto della morte è integrato con quello della risurrezione (**v. 4**). Il riferimento alla risurrezione di Cristo è per dire che *anche noi possiamo camminare in novità di vita*. Il discorso sulla partecipazione alla morte e risurrezione di Cristo porta a una disposizione vincolante da parte nostra, che si rispecchia (o dovrebbe rispecchiarsi) nel piano morale. Il sostantivo "vita", *zoè*, in Rom, ha sempre un significato in relazione alla dimensione eterna o di pienezza umana. *Camminare* è una metafora della condotta umana, propria del mondo rabbinico (*halakâh, halak*). Possiamo rintracciare questo verbo, *paripatein*, nell'AT, per esempio, Es 18,20; 2Re 20,3; 22,2; Prov 8,20 (*Sulla via della giustizia io cammino e per i sentieri dell'equità*; Sal 118/119,32: *Corro sulla via dei tuoi comandi, perché mi hai allargato il mio cuore*) per significare la condotta etica del giudeo conforme alla Legge. I cristiani, identificati con Cristo nel battesimo, sono resi capaci di condurre una vita nuova che non conosce il peccato.

San Giovanni Crisostomo, a proposito di "camminare in novità di vita", scrive:

> Qui Paolo, menzionando l'attenzione per una vita retta, si riferisce anche alla resurrezione. In che modo? Credi che Cristo è morto ed è risorto? Dunque, devi credere che ciò si applica anche a te; in questo sei simile a Lui, perché anche a te tocca una croce e un sepolcro. Se infatti ne hai condiviso la morte e il sepolcro, molto di più ne condividerai la resurrezione e la vita: se infatti è stata tolta la cosa più grande, il peccato, non c'è da dubitare che lo sarà anche quella più piccola, la morte[37].

Schlier ci offre una sintesi sulla dottrina paolina di questi versetti:

> [...] il pensiero fondamentale di tutto il contesto: il battesimo, che ci consegna alla morte e alla tomba di Cristo e quindi ci fa partecipi della sorte di lui, non ha solo questo aspetto. Esso ha anche un altro fine e un

---

7: Il punto di Paolo è che nel battesimo la vecchia solidarietà adamita è decisamente frantumata. Il 'vecchio io', totale e intero, è messo a morte una volta e per sempre [...]. Nel battesimo, tutta la persona lascia per sempre il mondo di Adamo, in un viaggio di solo andata [...]. 'Il corpo di peccato' poteva aver significato l'essere umano totale, visto come l'entità che il 'peccato' ha fatto sua": "The Letter to the Romans", in: *The New Interpreter's Bible, Vol X*, op. cit., 539.

[37] G. Crisostomo, *Omelie su Romani* 10,4, en: *La Bibbia commentata dai Padri*, op. cit., 233.

altro effetto, voluti da Dio, per i quali è impossibile la permanenza nel peccato (per aumentare la grazia): si tratta del nostro comportamento *in novità di vita*, che corrisponde alla risurrezione di Cristo [...]. Questa "novità di vita" è prodotta dal battesimo e fondata nella risurrezione di Gesù Cristo. È la *novità dello Spirito,* (Rom 7,6), il nuovo modo di essere creato dallo Spirito appunto nel battesimo, la sfera nella quale viviamo e nella quale perciò dobbiamo anche vivere[38].

Il **v. 5** è denso e tra i più difficili. Dalla successione morte-risurrezione, Paolo tenta di spiegare il rapporto comparativo dei cristiani con Cristo. L'aggettivo verbale *symfitoi,* (che in tutto il NT occorre solo qui), di una semantica di tipo "mistico", esprime la mutua coesione tra i cristiani e Cristo. Il termine ha un significato di dinamismo (non si vuole segnalare solo una comprensione estatica). L'unione a Cristo significa crescita, un processo di maturazione del cristiano, nella sequela di Cristo. L'idea richiama l'apologo giovanneo della vite e dei tralci. Il termine *homoioma,* è equivalente a conformità, affinità, condivisione.

Il **v. 6** riprende la correlazione tra indicativo e imperativo. Il sintagma "uomo vecchio", che nella grecità non ha dei paralleli, nel NT è esclusivo dell'Apostolo; lo possiamo ritrovare anche nelle deuteropaoline Col 3,9: *Non mentitevi gli uni gli altri. Vi siete infatti spogliati dell'**uomo vecchio** con le sue azioni* ; Ef 4,22: *... per la quale dovete deporre l'**uomo vecchio** con la condotta di prima, l'uomo che si corrompe dietro le passioni ingannatrici.* C'è comunque una differenza: esso fa coppia con un corrispondente "uomo nuovo". Paolo vuol sottolineare che questo *uomo vecchio* "è stato con-crocifisso" (sottinteso "con Cristo". Nel linguaggio cristiano e soprattutto paolino la croce è appunto la sua). Questo è anche l'unico caso in tutta la Lettera in cui Paolo richiama l'idea di "croce"!: *Sappiamo bene che il nostro uomo vecchio è stato crocifisso con lui, perché fosse distrutto il corpo del peccato, e noi non fossimo più schiavi del peccato.*

6,12-14: Dopo l'esperienza mistica viene l'esigenza etica: Non siamo di fronte a un'esperienza emozionale, ma a una forma di vita[39].

---

[38] H. Schlier, *La Lettera ai Romani,* op. cit., 327-328.

[39] W. Barclay completa questo pensiero: "La cristianità non può essere mai un'esperienza solo di un luogo segreto; essa deve essere una vita nel mercato (market place)": *Letter to Romans,* op. cit., 87.

Si può rintracciare nel sottofondo del capitolo **la storia dell'Esodo**, che diventa decisiva. In realtà, è la storia del vangelo stesso: la liberazione dalla schiavitù, per arrivare alla libertà, che cosa è se non il racconto dello stesso Gesù, dove lui spiegò il senso della sua morte? Bisogna comunque ricordare il significato della vera libertà, acquistata da Gesù per noi[40].

Capitolo 7

Comincia Paolo questo nuovo capitolo con un brano difficile, ricordando un vecchio principio: la morte cancella i contratti; e con ciò vuol illuminare quello che succede ai cristiani. Per il battesimo, siamo morti, e perciò, liberi dalla Legge, liberi per aderire profondamente a Gesù Cristo. Abbiamo, in questo capitolo, i principali insegnamenti paolini sulla Legge (ovviamente, si devono considerare gli altri testi paralleli, p.e., 8,1-7; 9,31; 10,4-5; Gal 2,16; 6,13; 1Cor 9,20; 15,56). In questo capitolo (e all'inizio del seguente), Paolo distingue altre tre leggi: *la legge del peccato che è nelle mie membra* (v. 23), *la legge dello Spirito che dà vita in Cristo Gesù* (Rom 8,2), *la legge della mia ragione* (v. 23).

C'è qualcosa che collega l'uomo con il peccato: *la sarx*, la nostra natura umana "apart from and unaided by God"[41]. Le sole proibizioni dalla Legge svegliano il desiderio di peccare. Ma per l'uomo che regge la sua vita dall'unione con Cristo, la sua vita non è più diretta da una legge scritta, ma dall'alleanza con il Signore Gesù nel suo spirito e nel suo cuore.

v. 5: *le nostre membra*: l'uomo tutto intero, in quanto agisce nel mondo.

---

[40] Cfr. lo sviluppo del pensiero di WRIGHT, a questo proposito: "In quanto Paolo sembra aver riconosciuto nella seconda metà del capitolo 6, che la libertà dal peccato porta una nuova sorta di "schiavitù liberata", l'obbedienza a Dio che ci ama e cerca la nostra vera libertà, la nostra vera umanità [...]. La *vera* libertà non è semplicemente una vita casuale, senza direzione, ma *la genuina umanità* che rispecchia l'immagine di Dio. Questa si trova sotto la signoria di Cristo. E questa signoria fa delle domande che sono tanto impegnative e difficili quanto di fatto liberatrici... Noi tutti siamo consapevoli che migliaia, forse milioni, di battezzati *sembrano aver abbandonato la pratica della fede e vita cristiana*; tuttavia, noi siamo chiamati a lasciare la morte di Cristo, in cui noi partecipiamo, avere la sua forza e cammino nella nostra vita": "The Letter to the Romans", in: *The New Interpreter's Bible, Vol X*, op. cit., 548.

[41] W. BARCLAY, *Letter to Romans*, op. cit., 95.

In Rom 7,7 comincia uno dei passi più commoventi del NT, dove Paolo ci presenta la sua autobiografia spirituale, aprendo il suo cuore e spirito.

7,7: *Non desiderare*   *Ex 20,17*

Non si tratta certo del desiderio del bene. Bisogna localizzare il contesto di ciò che è interdetto. Paolo cita il decimo comandamento del Decalogo (Es 20,17; Dt 5,21 LXX: *Non desidererai la donna del tuo prossimo; non desidererai la casa del tuo prossimo né il suo campo né il suo servo né la sua serva né il suo bue né il suo asino né ogni sua bestia né quanto è del tuo prossimo*), solo nelle sue parole iniziali, senza menzionare i vari oggetti del desiderio, menzionati nelle parole del comandamento. Nel citare il climax del Decalogo in Es 20,17 o Dt 5,21 (dove si esprime l'essenza della Legge, che insegna agli esseri umani a non lasciarsi trascinare dalle cose create anziché del loro Creatore), Paolo fa una sorta di sommario della Legge Mosaica.

R. Penna osserva perché Paolo abbia scelto proprio questo, fra i dieci comandamenti del Decalogo: "Tra i dieci comandamenti [...], il decimo è l'unico a interessarsi dell'interiorità dell'uomo, come a dire che il male ha delle radici profonde e va perseguito fin là dove esso ha una scaturigine invisibile"[42]. Sembra che Paolo tenta di poter risalire all'origine del dramma che sperimentiamo tutti noi. Il libro dei Proverbi ci va pensare, offrendo una chiave sapienziale, a proposito dell'attrazione del proibito: *Le acque rubate sono più dolci, e il pane preso di nascosto è gustoso* (9,17).

Il **v. 14** coinvolge i lettori in una conoscenza comune: "Sappiamo infatti". Il discorso è più antropologico che soteriologico. Non si parla più della Legge, del peccato o della morte, bensì su alcune caratteristiche dell'uomo. Questo brano contiene "un'analisi esistenziale dell'uomo"[43].

Il **v. 15** illumina sul modo in cui il peccato esercita il suo dominio: *In effetti non so ciò che faccio, poiché non faccio ciò che voglio, ma ciò che detesto, questo faccio*. Paolo impiega tre verbi diversi per indicare la fattualità dell'azione. Possiamo dire che la drammaticità dell'esperienza

---

[42] R. Penna, *Lettera ai Romani*, op. cit., 493.
[43] H. Schlier, *La Lettera ai Romani*, op. cit., 380.

umana consiste proprio nel contrasto tra le buone intenzioni e la condotta da esse difforme. Si tratta di una situazione di 'ferita', non solo di una semplice constatazione, ma di un sentir un fallimento interiore che causa sofferenza all'uomo, come segnala R. Penna:

> Questa drammatica lacerazione tra il volere e il fare non consiste solo in una dimensione oggettiva constatabile nei fatti, ma si verifica soprattutto in una percezione soggettiva e interiore, sicché si tratta di una diastasi che dilania non solo la condotta ma ancor più la coscienza [...]. In questo caso Paolo condivide un *topos* tipico della grecità antica che, a dispetto dell'intellettualismo etico, ha chiaramente avvertito la dimensione tragica della tensione persino emotiva intercorrente tra la conoscenza teorica del bene e la prassi concreta di un comportamento riprovevole[44].

Bisogna notare che non si tratta di un'analisi psicologica, ma di uno sguardo dell'uomo peccatore, solamente possibile alla luce della fede. È il dramma dell'uomo diviso in se stesso, 'alienato', come effetto del suo peccato. "Il peccato aliena l'uomo –scrive la TOB-, nel senso che l'impegna in un destino che contraddice alle sue aspirazioni profonde e alla vocazione a cui Dio lo chiama"[45]. Ciò che racconta Paolo è l'essenza dell'umana situazione, l'uomo che prova una guerra civile dentro di se stesso. Il poeta Ovidio aveva scritto: "Vedo le cose migliori, e le approvo; seguo però le peggiori"[46]. I Giudei conoscevano molto bene quest'esperienza, che spiegavano dicendo che in ogni uomo ci sono due nature, due tendenze, due impulsi. La citazione da Ben Sira illustra che per un giudeo tutto era una questione di elezione (15,11-20). L'uomo è perseguitato (haunted) contemporaneamente per la bontà e per il peccato.

Agostino spiega questa tensione dicendo che non siamo ancora veramente liberi, e perciò questo agire di debolezza:

---

[44] R. PENNA, *Lettera ai Romani*, op. cit., 508. Si potrebbe trovare qui un *topos* della tragedia di Euripide, *Medea*: "La passione è più forte delle decisioni della mia volontà, questa è per i mortali la causa dei più grandi mali": vv. 1077-1080. Si può vedere come anche Epitetto, alla fine del primo secolo del Cristianesimo, scriveva di un modo simile a Paolo: "Io voglio qualcosa e ciò non avviene; chi è più misero di me? Io non voglio qualcosa, e ciò avviene, chi è più misero di me? E pur non volendolo, Medea giunse ad uccidere i propri figli": *Lettere*, 2,17.18.

[45] *La Bibbia TOB, Nuova Traduzione CEI*, op. cit., Nota a Rom 7,15, 2589.

[46] *Metamorfosi*, VII,20 ("Video meliora proboque, deteriora sequor").

Siamo liberi in quanto ci dilettiamo della legge di Dio: è la libertà che ci procura questo diletto. Finché è il timore che ti porta ad agire in modo giusto, vuol dire che Dio non forma ancora il tuo diletto. Finché ti comporti da schiavo, vuol dire che ancora non hai riposto in Dio la tua delizia: quando troverai in lui la tua delizia, sarai libero[47].

Nel **v. 16** Paolo ribadisce ancora una volta la bontà della Legge: *Tuttavia se faccio proprio quello che non voglio, convengo con la Legge che è buona: to nomo hoti kalós.* Il **v. 17** contiene l'affermazione forte, come una costatazione : *il peccato abita in me.* Commenta Lutero, a proposito di questo versetto:

Perciò, il peccato continua a rimanere anche nell'uomo spirituale, per esercitarlo nella grazia, per umiliare la sua superbia, per reprimere la sua presunzione; perché colui che non insiste con tutta la serietà nel combattere la sua superbia e presunzione, ne ha già ciò che lo condannerà, anche se non aggiunge nessun altro delitto[48].

I **vv. 18-20** vanno considerati insieme. Essi girano attorno a una stessa idea: quella di un contrasto tragico tra il volere e il non-fare (o tra il non-volere e il fare). Quanto profondo, e anche sofferto, sia questo conflitto interiore, si può vedere nell'insistenza di Paolo.

Il **v. 18** afferma un tipo di conoscenza certa da parte dell'Io: un'ammissione, una confessione realistica della propria condizione di debolezza. È da notare l'identificazione dell'Io con la dimensione della "carne", sconfortata, che non rappresenta una potenza esterna, ma connota interamente l'uomo nella sua semplice condizione di creatura, corrotta dall'intromissione del peccato.

Il **v. 20** sembra riversare la responsabilità morale sulla realtà del peccato, non sull' "Io" di cui parla Paolo.

Il **v. 21** fa una dichiarazione, che è come un principio generale e la *propositio* di questa breve sezione: *Trovo dunque questa legge: che a me, pur disposto a compiere il bene, a me viene più facile il male.* Il male, personificato, tende a controllare l'uomo in tutte le sue azioni. Nel Manuale di Disciplina, di 1QS, in mezzo alle recitazioni di doni e privilegi con-

---

[47] *Commento al Vangelo di Giovanni* 41,10: Migne, PL III, Paris 1902.
[48] *Comentario a la Epístola a los Romanos*, op. cit., 258.

cessi agli eletti da Dio, c'è di un modo inaspettato un grido, che offre qualche luce in questa prospettiva:

> Io appartengo però all'umanità malvagia e all'assemblea della carne perversa. Le mie iniquità, le mie trasgressioni, il mio peccato –insieme alle perversità del mio cuore- appartengono all'assemblea dei vermi e delle cose che si muovono nell'oscurità[49].

Il **v. 22** esprime un contrasto. L'Io fa ora un'ammissione positiva: Paolo esprime il livello di adesione alla Legge, facendo riferimento all'"uomo interiore", sintagma che, nel NT, si trova solo altre due volte sempre nell'epistolario paolino, e ha il suo parallelo unicamente nei filosofi greci. Di derivazione platonica, in una visione dualistica, indica la parte spirituale del composto umano.

All'arrivare al **v. 23,** la situazione s'aggrava: il peccato stesso diventa legge, cioè una regola normativa che sembra comandare l'uomo. Così, la Legge (mosaica/divina) resta salvaguardata dalla contaminazione con il peccato. Dunque, troviamo un numero di leggi ormai moltiplicato: la legge di Dio, quella del peccato, quella contro la prima, e finalmente la legge dello Spirito. Come spiegare la menzione di diverse leggi? Aletti presenta la sua opinione, che mi sembra giusta: "Perché tante leggi? Per mostrare all'uomo (l'ebreo), convinto di aver a che fare con un'unica legge, santa, buona e protettrice, che di fatto questa legge lo pone paradossalmente a contatto con molte altre, e ben diverse, leggi…"[50]

I **vv. 24-25** concludono questa celebre pagina paolina –considerata un monologo drammatico- con due grandi affermazioni di segno opposto, che corrispondono alle due componenti del Sal 141/142,8: *Conduce fuori dal carcere la mia vita, perché io renda grazie al tuo nome.* La prima è al **v. 24**: *Infelice uomo che sono io! Chi mi strapperà da questo corpo di morte?* L'Io qui ammette l'impatto, che prova persino sul piano psicologico; e l'essere consapevole lo fa pronunciare un lamento, quasi un'invocazione del tipo *De profundis.*

---

[49] 1QS 11.9-10a, in W. H. Brownslee, trans., *The Dead Sea Manual of Discipline: Translation and Notes*, BASORSup 10-12 (New Haven: American Schools of Oriental Research, 1951).

[50] *La Lettera ai Romani*, op. cit., 77.

Chi mi libererà...?: Si potrebbe dire: chi mi libererà dal mio "io" prigioniero del peccato e votato alla morte, così potrei rivestirmi di un "io" nuovo in Gesù Cristo (Rom 8,1) e trasformato dallo Spirito (Rom 8,5-11).

Del **v. 25** bisogna considerare separatamente le due metà. Il v. 25a offre subito una risposta all'implicita supplica del precedente v. 24b. La mediazione di Gesù Cristo nell'evento della giustificazione e della rinascita è un tema fondamentale del paolinismo e in particolare della stessa Rom, ma essa vale naturalmente anche in rapporto alla preghiera. Il v. 25a sarebbe una buona conclusione di tutta la nostra pagina, e si aggancerebbe logicamente alla bella dichiarazione di 8,1.

Invece appare questo **v. 25b,** che ci crea un problema: *Dunque, io con la mente servo alla legge di Dio, ma con la carne alla legge del peccato.* Sembrava che la formula di ringraziamento aveva già valore conclusivo. Come mai Paolo può tornare sul già detto e riformulare ancora una volta la contrapposizione tra le due leggi? La frase interrompe la logica del pensiero che vincola l'affermazione di 7,25a con la dichiarazione di 8,1. Per la soluzione del problema, non è sufficiente dire che la tradizione manoscritta non presenta alcuna variante, pur essendo il testo *lectio difficilior.* Alcuni pensano che può essere considerato una glossa.

Sulla struttura di questo *soliloquio* di Paolo in 7,14-25, Longenecker fa una proposta di sintesi dei temi principali (si veda, nel suo commento, la pagina 660)[51].

---

[51] Questi temi sono i seguenti:
1. Truths commonly known and experienced regarding humanity's lack of personal self mastery in 7,14-16.
2. The presence of the malevolent forces of 'sin' and one's own sinful nature frustrating every person's best intentions in 7,17-20.
3. The dysfunctional experience of knowing what is good but doing what is evil (7,21-23).
4. The human cry of despair and a call of rescue (7,24).
5. A parenthetical interjection: *But thanks be to God, deliverance is through Jesus Christ or Lord* (7,25a).
6. The conclusion of the matter with respect to people's attempt to live their lives apart from God, that is, by means of their own resources and abilities (7,25b): R. LONGENECKER, *The Epistle to the Romans,* op. cit., 660.

Capitolo 8

Con il **cap. 8** comincia un passo epistolare fornito dal tema dello Spirito. È la terza più importante parte della Lettera. Si dice che è *il cuore* della Lettera. Paragonabile alla discussione sulla giustificazione del 3,21-31, costituisce un climax nell'insieme dell'argomentazione paolina, poiché tenta di presentare la realtà della nuova vita del cristiano in unione con Cristo per lo Spirito. È un punto d'arrivo dell'argomentazione di questa sezione. Si nota subito lo stacco di questa sezione rispetto a quella precedente. Come un'antitesi al dramma presentato in 7,7-25, possiamo godere dalla risoluzione piena di speranza di 8,1.

La nuova sezione è strutturata dalla combinazione di nove *gar*, che potrebbe sembrare ridondante; il *pneuma* si trova in primo piano, ripetuto 17 volte in 17 versetti, soggetto di alcune operazioni fondamentali (libera: v. 2; tende alla vita e alla pace: v. 6; oltre che alla vita e alla giustizia: v. 10; abita in noi: v. 9,11; conduce: v. 14; permette di gridare "Padre": v. 15; attesta al nostro spirito: v. 16)[52]. A Paolo interessa parlare, più che dello Spirito, piuttosto della relazione dello Spirito con il credente inserito in Cristo. Perciò, il vero oggetto del discorso è l'uomo in quanto rinnovato e guidato dallo Spirito.

La tematica sviluppata qui da Paolo è straordinariamente ricca. Se nei capitoli 6 e 7 i temi dominanti erano *hamartía, thánatos, nómos*, adesso sono sostituiti dall'antitesi *pnéuma / sarx*. L'Apostolo non esplicita ché cosa intende per "carne", ma "chiaramente –scrive Aletti- con essa indica tutto l'uomo nella sua fragilità"[53]; oppure come aggiunge Barclay:

> Quando Paolo usa la parola *carne* [...] egli vuole infatti significare la natura umana in tutta la sua debolezza, la sua impotenza e la sua insufficienza. Lui significa (intende significare) la natura umana nella sua vulnerabilità verso il peccato e la tentazione. Significa quella parte dell'uomo che offre al peccato occasione e testa di ponte [...]. La carne per Paolo non era una cosa fisica; era una cosa spirituale[54].

---

[52] Per completare la teologia dello Spirito contenuta qui, si veda la serie di affermazioni sul Paraclito nel Discorso di Addio nel vangelo giovanneo (capitoli 14-16).

[53] J.-N. ALETTI, *La Lettera ai Romani*, op. cit., 83.

[54] "When Paul uses the word [...] he really means human nature in all its weakness, its impotence and its helplessness. He means human nature in its vulnerability to sin and to

8,2: Lo Spirito è menzionato in rapporto con una legge, "la legge dello Spirito", che da vita e porta alla libertà: *da vita in Cristo Gesù, ti ha liberato dalla legge del peccato e della morte* (1,2). A un sistema di vita è offerto un altro, opposto. L'esistenza cristiana sarà conosciuta come un modo di vivere connotato da uno Spirito vivificante, che sarà il suo costitutivo vitale, come la sua nuova identità. Così si capisce la frase *lo Spirito della vita*, che associa le due realtà, e che non si trova mai altrove, né nel NT né nei LXX. Solo in Gen 6,17; 7,15 (dove si parla del "soffio di vita") e Ez 1,20-21 si trova una formulazione analoga, e sembra un riassunto di Ger 31,33 e di Ez 36,27; 37,14.

Lo Spirito, con la sua presenza e azione, è il principio di rinnovamento e trasformazione del credente, e lo rende capace di obbedire alla volontà di Dio, così che non sia più una costrizione esterna, ma la legge interiore della sua vita nuova[55]. Rinnovato e trasformato dallo Spirito di Dio dato da Gesù, il credente può obbedire alla volontà di Dio; per lui non è più una costrizione esterna, ma la legge interiore della sua nuova vita: CEI.

Si potrebbero pensare, come un influsso molto probabile sulla formulazione paolina, i due testi conosciuti dei profeti veterotestamentari: Ger 31,31-33 (*Concluderò con la casa di Israele e con la casa di Giuda un'alleanza nuova... Porrò la mia legge nel loro animo, e la scriverò sul loro cuore*) ed Ez 36,26-27 (*Vi darò un cuore nuovo, metterò dentro di voi uno spirito nuovo... Porrò il mio spirito dentro di voi e vi farò vivere secondo i miei statuti*). In futuro, la Legge sarà osservata come una norma non più solo esteriore bensì interiorizzata.

Al **v. 19** abbiamo la tematica della creazione: nella sua sottomissione alla caducità si potrebbe leggere la maledizione di Dio in Gen 3,17-19 contro la terra: *All'uomo disse: "Poiché hai ascoltato la voce di tua moglie e hai mangiato dell'albero, di cui ti avevo comandato: Non ne devi mangiare,*

> *maledetto sia il suolo per causa tua!*
> *Con dolore ne trarrai il cibo*

---

temptation. He means that part of man which gives sin its chance and its bridgehead [...]. The flesh for Paul was not a physical thing; it was a spiritual thing": W. Barclay, *Letter to Romans*, op. cit., 105.

[55] Cfr. Nota corrispondente a questo testo della Bibbia della CEI, op. cit.

per tutti i giorni della tua vita.
Spine e cardi produrrà per te
e mangerai l'erba campestre [...]"

Infatti, 8,19-21 è un'espressione drammatica dell'anello della creazione, che dalla sua schiavitù, spera di essere liberata. Possibilmente
Paolo combina qui la promessa biblica dei nuovi cieli e nuova terra
(Isa 65,17: *Ecco infatti io creo nuovi cieli e nuova terra; non si ricorderà*
più il passato, non verrà più in mente; 66,22) e la storia della creazione.
Quando Paolo parla della *creazione, he ktísis,* molto probabilmente si riferisce alla totalità della natura subumana, sia animata che inanimata,
come sostiene Cranfield[56].

Nella Bibbia, l'uomo è visto in unione alla creazione, come scrive il
P. Lyonnet:

> La Bibbia en effet ne sépare pas d'ordinaire l'homme de l'univers créé
> pour lui; l'homme fait partie de cette création dont il est l'achèvement;
> la destinée de l'homme commande celle de l'univers lui-même. L'his-
> toire du salut commence avec la création de l'univers, et l'acte créateur
> fait partie de cette histoire, il en est le premier acte. Ainsi le psalmiste
> racontant cette histoire sous le forme de "litanies" scandées par le re-
> frain: "car éternel est son amour", débute effectivement avec la création
> de l'univers...[57]

8,23: L'argomentazione fa un passo avanti: insieme alla sofferenza della creazione subumana, considera quella del cristiano, vista qui
come dei 'gemiti', un eco del tema del lamento, trovato nell'AT: Gb
24,12 (*Dalla città si alza il gemito dei moribondi e l'anima dei feriti grida aiu-*
to...); Sal 6,7 (*Sono stremato dai miei lamenti, ogni notte inondo di pianto il*
mio giaciglio, bagno di lacrime il mio letto); 12,6; 31,10; 38,10; 79,11; 102,20.
Le sofferenze che Paolo ha presente è un termine di un'ampia portata.
Aletti la descrive dicendo:

---

[56] "The only interpretation of in these verses which is really probable is surely that which
takes it to refer to the sum-total of sub-human nature both animate and inanimate": Ch. E. B.
CRANFIELD, "Some Observations on Rom 8,19-21" in: *Reconciliation and Hope: New Testament*
Essays on Atonement and Eschatology Presented to L. L. Morris on His 60th Birthday, ed. R. Banks.
Grand Rapids: Eerdmans, 1974, 225.

[57] S. LYONNET, S. J., *Les étapes du mystère du Salut,* op. cit., 191.

[Il termine]... si applica a tutto il creato –e quindi ai cristiani- che è sotto l'effetto della legge del peccato e della morte. Paolo moltiplica i termini relativi a questa condizione: sofferenze, gemere, doglie del parto, pazienza. Tutti patiscono e gemono –e lo Spirito geme con loro- attendendo la gloria certa, in quanto promessa da Dio ai suoi figli; le sofferenze, cui è destinata ogni esistenza terrena, non impediranno la venuta della gloria promessa[58].

Paolo, come Isaia, non può considerare un rinnovamento dell'umanità, morale e spirituale, slegato dal resto del creato. La visione dell'apocalittica tradizionale, pessimistica, considerava questo mondo come perverso, destinato alla rovina e alla distruzione. In senso opposto, la visione paolina significa una superazione: l'umanità, insieme al mondo creato, ha ricevuto la speranza della redenzione[59].

8,26-27 è uno dei più importanti passi sulla preghiera nel NT. Non sappiamo come pregare – un segno della nostra debolezza- ma nemmeno lo possiamo fare bene, poiché non conosciamo il futuro né ciò che è buono per noi. L'espressione *Colui che scruta i cuori* ricorda il testo di 1Sam sull'elezione di Davide: *L'uomo guarda l'apparenza, il Signore guarda il cuore* (16,7); e quello dei Proverbi: *Lo spirito dell'uomo è una fiaccola del Signore che scruta tutti i segreti recessi del cuore* (20,27); e ancora: *Egli scruta l'abisso e il cuore e penetra tutti i loro segreti* (Sir 42,18).

8,31-39: Questi versetti, uno dei passi più lirici scritti da Paolo, contengono le due componenti della perorazione: l'*amplificazione* e la *ricapitolazione*, che esprimono enfaticamente la fede e la speranza dell'Apostolo. Si possono percepire, come sfondo, le parole del Sal 27 (26),1: *Il Signore è mia luce e mia salvezza, di chi avrò paura?*; come anche quelle parole di Isaia: *Il Signore Dio mi assiste, per questo non resto svergognato, per questo rendo la mia faccia dura come pietra, sapendo di non restare confuso* (50,7).

Alla domanda proposta nel v. 31, troviamo la risposta in **8,32**: un atto supremo di amore da parte di Dio, che *non ha risparmiato il proprio Figlio*. È da notare la qualifica di Figlio, particolare, con la precisazione di "proprio Figlio", che evidenzia il legame unico tra lui e Dio. La

---

[58] J.-A. ALETTI, *La Lettera ai Romani*, op. cit., 85.
[59] J.-A. ALETTI, Ibid.

filiazione di Gesù va precisata: è diversa da quella dei battezzati, che siamo noi, figli adottivi.

Si dovrebbero notare le prospettive di Paolo nell'utilizzo degli schemi biblici. Per esempio, Dio e Abramo sono messi in rapporto rispetto alla donazione del figlio: il patriarca, in Gen, da una prova della sua obbedienza a Dio; invece, qui è Dio stesso ad offrire una dimostrazione di amore per l'uomo, per tutti gli uomini, anche se non richiesta, nell'offrire il suo proprio Figlio. E poi, nell'uso della preposizione (*hyper*), in rapporto al Servo, Paolo non parla di peccati, e perciò si più leggere qui una preposizione di valenza esistenziale, e non tanto espiatoria.

Il v. **8,33** contiene il secondo interrogativo retorico. Il tema dell'accusa, che continua ancora nel v. 34, riecheggia il passo di Isa 50,8-9: *È vicino chi mi rende giustizia! Chi oserà venire a contesa con me? Affrontiamoci. Chi mi accusa?* In questo v. 33 c'è l'ultima occorrenza del verbo (giustificare) nella lettera, all'offrire una definizione di Dio come "colui che giustifica" (cfr. 3,26). In 8,34 si deve osservare l'uso del Sal 110 (109 LXX): il salmo costituisce originalmente un medio onorifico per affermare che il re di Israele è stato stabilito per Dio come il suo vicario per aiutare nel governo del suo popolo. Nel tempo di Paolo, era familiare l'idea degli eroi della fede esaltati al trono della gloria di Dio nel cielo.

> 8,36: *Per causa tua siamo messi a morte tutto il giorno,*   Sal 44,23
> *siamo considerati come pecore da macello*

Risuona, in questo salmo, il lamento di Israele nell'esilio, e Paolo lo coloca nelle labbra della Chiesa primitiva, come attesta Cranfield: "L'effetto principale della citazione è per mostrare che le tribulazioni che affrontano i cristiani non sono qualcosa nuova o inaspettata, bensì caratteristiche continue nella vita del popolo di Dio"[60].

Sull'interpretazione paolina del Salmo, potrebbe essere come un preannuncio profetico sulla sofferenza di tutti coloro che vivono nell'intervallo escatologico fra la risurrezione di Cristo e la risurrezio-

---

[60] C. E. B. CRANFIELD, *A Critical and Exegetical Commentary on The Epistle to the Romans*, 2 Vols. ICC, Edinburgh: T & T Clark, 1975, 1979, Vol, I, 440.

ne definitiva del mondo. Paolo trova nella Scrittura un fondamento per discernere il futuro della Chiesa[61]. Il Salmo si può leggere come il tema centrale della problematica di Romani, per quanto riguarda la fedeltà di Dio nel compiere le sue promesse a Israele. Commentando questo testo, Schlier dice: "Tutte le esperienze amare e spaventose menzionate nel versetto precedente sono un incessante 'esser messi a morte' ed 'esser portati al macello' a motivo di Cristo"[62].

Tutto il giorno: Su questa frase (un'espressione semitica per indicare la non-possibilità di scampo: J. Dunn), commenta Ireneo: "Infatti per morire per Cristo o subire supplizi non mi è sufficiente un'unica ora, ma *tutto il giorno* cioè tutto della mia vita"[63].

In realtà, la citazione del Salmo viene a intensificare la descrizione della sofferenza e a fare più acuta la questione della fedeltà di Dio. Nell'opinione di Hays[64], questa citazione prepara l'esortazione di Rom 12,1: *Vi esorto dunque, fratelli, per la misericordia di Dio, a offrire i vostri corpi come sacrificio vivente, santo e gradito a Dio.* Nell'espressione *come pecore da macello,* forse potrebbero risuonare le parole di Isaia 53,7: *Maltrattato, si lasciò umiliare e non aprì la sua bocca; era come agnello condotto al macello, come pecora muta di fronte ai suoi tosatori, e non aprì la sua bocca.* Sappiamo, infatti, che la Lettera ai Romani è molto arricchita da numerose citazioni e allusioni di Isaia 40-55, specialmente del Servo Sofferente di Isa 53, anche se Paolo non menziona esplicitamente la tipologia profetica di questo Canto del Servo, per la sua interpretazione di Cristo e di Israele. Dal suo silenzio si può capire la sofferenza del popolo di Dio che vive la propria vocazione, già profetizzata nella Scrittura.

L'autore del salmo esprime qui una situazione che non può spiegare. Già nel v. 18 aveva scritto: *Tutto questo è piombato su di noi senza che ti avessimo dimenticato, senza che fossimo stati infedeli alla tua alleanza.* Paolo stesso non vede una connessione delle sofferenze del cristiano a qualche sua infedeltà. Invece, fa una spiegazione implicita sulla base di un loro rapporto con il Cristo sofferente. Nella letteratura rabbini-

---

[61] Si veda R. Hays, *Echoes of Scripture,* op. cit., 58.
[62] H. Schlier, *La lettera ai Romani,* op. cit., 459.
[63] *Commento alla Lettera ai Romani* 7,11.
[64] *Echoes of Scripture,* op. cit., 62.

ca questo brano sarà riferito ai martiri ebrei dell'età maccabaica e di quella adrianea. Là dove i giudei erano disprezzati si poteva trovare, come ragione, non tanto il motivo etnico quanto le loro pratiche particolari, come rifiutare il mangiare carne di porco, la non-adorazione di altri dei se non il proprio, etc. Nell'intera sezione dei capitoli 6-8 (a esclusione di 7,7) è questa l'unica citazione biblica. Se si osservano gli elementi lessicali, è possibile che sullo sfondo del pensiero paolino si possa trovare la figura del Servo sofferente di YHWH. Da questo orientamento, potremmo capire meglio il testo parallelo di 2Cor 4,11: *Veniamo esposti alla morte a causa di Gesù, affinché anche la vita di Gesù sia manifesta nella nostra carne mortale*, che contiene un referente cristologico della sofferenza cristiana.

Sintesi della Seconda Sezione:

Seguendo l'accento soteriologico di questa sezione, con enfasi nella speranza, Paolo riporta solo due citazioni: *Non desirerare* (7,7), come un riferimento sintetico al Decalogo, da Es 20,17 e Dt 5,21; e dal Sal 44,22: *Per causa tua, siamo messi a morte tutto il giorno, siamo trattati come pecore da macello* (8,36), per parlare delle prove a cui è sottomessa la vita del credente, nella sua testimonianza in mezzo al mondo.

TERZA SEZIONE: Rom 9-11
Il Vangelo e la risposta di Israele

I capitoli di questa sezione costituiscono degli scritti più interessanti del cristianesimo nascente. Non si tratta di un 'excursus' o appendice periferico al tema della Lettera, come sostiene Hays: "è il cuore del tema attorno al quale degli echi scritturistici hanno rumoreggiato già da Rom 1,16-17'"[1]. Troviamo qui una riflessione, fornita da Paolo, tanto ampia e originale sulla relazione tra giudaismo e fede cristiana. Nel testo di questi capitoli ci viene offerta una riflessione sulla funzione storico-salvifica del popolo di Israele. Il discorso è fondamentalmente teologico, riferito piuttosto al Dio della fede ebraica. La problematica che Paolo considera e tenta di affrontare tiene presente il disaggio dei giudei romani credenti in Cristo[2].

Dalla diversità di titoli offerti dalle bibbie possiamo vedere i differenti punti di vista che riguardano la considerazione di questa sezione: "Il piano di Dio per Israele", "Il piano salvifico di Dio permane, malgrado il rifiuto di Israele", "L'incredulità di Israele", "La salvezza di Israele", "Situazione di Israele", "Mistero di Israele", "Israele e le nazioni"[3]. Dai commenti degli autori si può comprendere questa diversità nell'interpretazione della sezione, come si deduce dalla sintesi offerta da Longenecker:

---

[1] "it is the heart of the matter, around which scriptural echoes have rumbled (rumoreggiare) since Rom 1,16-17": R. Hays, *Echoes*, op. cit., 63.

[2] Infatti, c'era un doppio disagio, annota R. Penna: "non si può negare che la questione teologica sorga da un doppio disagio socio-religioso dei giudei romani credenti in Cristo: 1) sia dall'obiezione proveniente dai giudei non cristiani, i quali contestano che la fede in Cristo possa annullare la legge mosaica perché ciò vorrebbe dire che la parola di Dio è venuta meno; e 2) sia dalla presunzione dei gentili cristiani, i quali dal rifiuto dell'evangelo da parte della massa dei giudei deducono che Israele stesso sia stato rifiutato da Dio": *Lettera ai Romani*, op. cit., 627.

[3] J.- N. Aletti, *La Lettera ai Romani*, Borla, Roma 2011, 86.

1. A *theological* understanding that highlights God's 'sovereign grace' in the salvation of people (writings of Augustine). 2. A *theological* understanding that highlights the theme of humanity's God-given 'free will' (Origen, J. Chrysostom). 3. A *salvation history* understanding, which views these chapters as Paul's presentation of the course of redemptive history vis-à-vis that of Judaism or Jewish Christianity (Cullmann, Munck). 4. A *history of religions* or *comparative religions* understanding, which interprets these chapters as proclaiming that the existence of both Judaism and Christianity is in accord with God's will and under his approval (K. Stendahl). 5. An *apologetic* understanding that treats these chapters as Paul's vindication of God's actions in redeeming some people and condemning others[4].

Per sintetizzare il proposito di Paolo in questi capitoli, le parole di Hays meritano attenzione:

> Il proposito di Rom 9-11 –come della Lettera nella sua totalità- è mostrare che il trattamento di Dio con Israele e con le nazioni nel tempo presente è totalmente consistente con il modo di agire di Dio nel passato e con i suoi propositi dichiarati. Sia il racconto dell'azione passata di Dio che le sue promesse messianiche si trovano nella Scrittura. Così, Romani 9-11 è una dimostrazione estesa della congruenza fra la parola di Dio nella Scrittura e la parola di Dio nel vangelo di Paolo[5].

I cc. 9-11 rappresentano una prospettiva storica paolina. Dalle parole di M. Grilli: "I cc. 9-11 gettano uno sguardo sulla realizzazione della Parola di Dio nel passato, nel presente e nel futuro, disegnando un *crescendo* che trova giustificazione nell'insondabile mistero di Dio (11,25-36)"[6]. Troviamo in questi capitoli sviluppi di diverse suppliche collettive post-esiliche, di cui un parallelo chiaro è la preghiera di Azaria (cfr. le aggiunte in greco al libro di Daniele)[7].

---

[4] *The Epistle to the Romans*, op. cit., 767.

[5] R. Hays, *Echoes*, op. cit., 64.

[6] M. Grilli, *Una Bibbia, due Testamenti*, San Paolo, Torino 2010, 34.

[7] "In essa si ritrovano –scrive Aletti– i tre momenti maggiori che scandiscono l'argomentazione di Rm 9-11: 1) Tu sei giusto e potente, Signore, grande è tutto ciò che fai..., 2) la nostra situazione è causata dal nostro peccato, perché da sempre ti disobbediamo, ma 3) nella tua misericordia, tu non puoi abbandonarci, tu ci salverai": *La Lettera ai Romani*, op. cit., 87. Cfr. anche le suppliche di Dn 9,4-20; Bar 1,15-38.

Per trattare il problema del suo interesse, Paolo fa una constatazione: i suoi consanguinei non hanno accolto il vangelo di Cristo, mentre lo stesso vangelo ha ottenuto una consistente risposta di accettazione tra i gentili. Allora il problema che Paolo portava nel cuore, come una seria preoccupazione, era: perché il popolo a cui era rivolta la predicazione cristiana, che si poteva considerare il primo nucleo storico della nuova comunità, non aderì al nuovo messaggio della fede?

L'Apostolo va alla radice ultima della questione, per affrontarla: perché Dio, il Dio di Israele, ha permesso un tale atteggiamento di rifiuto nel suo popolo? Come spiegare il suo piano salvifico? E risponde andando alla storia di Israele: la stessa tradizione israelitica insegna che la salvezza del popolo si comprende solo riferendosi alla sua globalità e non a ogni singolo individuo; inoltre, aggiunge un altro argomento: Dio compie la promessa di salvare Israele sulla base della propria misericordia, senza tener conto della qualità etnica di quel popolo.

Dobbiamo notare che, passando dal cap. 9 al cap. 11, Paolo cambia prospettiva e potrebbe dare l'impressione di essere incoerente: da una visione d'apparenza esclusivistico-negativa della chiamata divina passa a un'altra più inclusiva e positiva. La conclusione della sezione è un riconoscimento e una celebrazione dell'insondabile sapienza di Dio.

La presenza dell'AT è così intensa nell'argomentazione tanto da far sembrare che l'uomo Paolo si nasconda dietro Dio. Una caratteristica particolare di questo testo è l'alto numero di personaggi biblici nominati, senza paragone con altre pagine neotestamentarie, che fanno vedere quanto Paolo sia interessato, non soltanto ai testi come formulazioni scritturistiche, ma anche allo sviluppo storico dei fatti riferiti, dove si può leggere la provvidenza di Dio, non sempre comprensibile a noi. Tali eventi qui riferiti acquistano poi un valore tipologico che bisogna riconoscere rispetto al presente. Dobbiamo far presente che in Rom 9-11, il 39% del testo è fatto da citazioni bibliche. Il materiale scritturistico qui utilizzato è così ampio, che diventa un elemento decisivo per la comprensione di questi capitoli, che sono un vero esempio di "argomentazione scritturistica"[8].

---

[8] Così attesta F. BELLI: "Il predominio della Scrittura in questi capitoli è dunque il fattore decisivo per la comprensione di essi, così che si possa affermare che abbiamo qui un esempio

Il con-testo di Rom 9-11

Alcuni studiosi ritenevano che questa sezione spezzasse l'argomentazione svolta da Paolo: 8,39 si connetterebbe meglio con 12,1, perché gli accenti di celebrazione (di gioia e di lode) degli ultimi versetti del cap. 8 non sono per niente consoni con il tono di tristezza e di dolore con cui si apre il cap. 9. Diverse soluzioni sono state proposte[9].

Ma un'osservazione attenta mostra che ci sono nessi tematico-letterari con il cap. 8: ricorrenze lessicali, sia di tipo retorico (esclamazioni di tristezza, in aggancio con quelle di celebrazione), sia di tipo logico, con accenti personalistici. E poi non possiamo ignorare il collegamento della sezione con tutto il materiale epistolare precedente.

Troviamo qui di nuovo la coppia antitetica ma generalizzante "giudeo-gentile"/ "giudeo-greco" (che non ricorreva più da 3,29 in poi). Questo è segno di una ripresa della prospettiva universalistica propria dei capitoli 1-5.

La qualità letteraria

Qualificare l'intera sezione come *midrash* sarebbe sbagliato, perché qui non c'è un passo scritturistico che funga da enunciato-madre (come era il caso del cap. 4), benché l'uso dell'AT sia quanto mai ampio. L'argomentazione di Paolo, in cui lui stesso è coinvolto, procede qui a domande, risposte e dichiarazioni. Queste pagine possono essere considerate invece come una *coniuncta defensio* o difesa complessa, in quanto l'Apostolo prende le difese simultaneamente di Dio e di Israele, trattando la loro causa in rapporto al vangelo.

---

di 'argomentazione scritturistica'": *Argumentation and Use of Scripture in Romans 9-11*. GBP, Analecta Biblica 183, Roma 2010, 13.

[9] P.e., ci ha parlato dell'inserzione personale di un editore posteriore; una sorta di appendice fuori tema; una discussione di Paolo: un controesempio rispetto alla tesi precedente sulla affidabilità di Dio e della sua giustizia; una esposizione dell'idea di predestinazione (posizione protestante, ormai rifiutata dai protestanti stessi). Per completare quest'informazione, si veda R. Penna, *Lettera ai Romani*, op. cit., 630.

La struttura

Due brani fanno da cornice alla sezione: in apertura un esordio, che, in tono di lamento, introduce nella tematica generale mediante la formulazione del motivo per cui dibattere la questione (9,1-5), e al termine una solenne dossologia che per definizione conclude il discorso (11,33-36). Il *corpus* è diviso in tre parti: 1) la parola di Dio non è venuta meno (9,6-29); 2) La riaffermazione di Paolo nella sua posizione 'cristiana': la salvezza è accordata sulla base della fede in Cristo, mentre Israele ha preferito la Torah a Cristo (9,30-10,21); 3) Ribadisce che Dio non ha rigettato il suo popolo, il quale anzi, dopo essere servito per far "entrare" i gentili, alla fine sarà salvato (11,1-32). L'insieme ha una struttura chiastica, secondo cui si parte da Israele per tornare ad esso, ribadendo al centro la tipica fede cristologica.

Capitolo 9

Questo capitolo è costruito con riferimenti ai racconti, dei Patriarchi e dell'Esodo. Ci aiutano a identificarli la menzione dei vari nomi: Abramo, Isacco, Sara, Rebecca, Giacobbe, Esau, Mose, Faraone. Paolo offre una cornice di storia salvifica, di cui non è necessario presentare nessuna spiegazione (si suppone ormai conosciuta). Ciò che guida l'esegesi fatta da Paolo è la sua convinzione che l'evento-Cristo è attestato dalle Scritture, e così si può spiegare la sua libertà di adattamento ai testi biblici. Nello stile dell'esegesi giudaica, combina le parole della Scrittura con alcuni commenti e riflessioni. Alcune volte, per esempio, in 9,19-23, senza citazioni esplicite, il discorso paolino è arricchito da un vocabolario e immagini bibliche, che prende dalla tradizione biblica. Paolo passa dall'inizio della storia di Israele al tempo suo, mettendo in risalto la coerenza della Parola divina.

9,2: Un'ammissione di amarezza, una confessione di scontento, chi ci aiuta ad immaginare quanto oppressivo sia il peso che Paolo debba sostenere. Confessa la grande tristezza per il suo popolo e come sia pronto a sacrificare se stesso per loro. Si possono ricordare le parole di Es 32,22: *Aronne rispose: "Non si accenda l'ira del mio Signore; tu stesso sai che questo popolo è incline al male".*

9,4-5: Una serie di nove titoli di vanto (non si trova alcun parallelo nella letteratura giudaica), che indicano uno status differenziante di privilegio. L'ultimo, come punto di arrivo, è "il Cristo secondo la carne", rappresenta il massimo titolo di vanto degli israeliti. Cristo è uno di loro, dal punto di vista umano, storico, culturale e razziale.

9,6: Possibile parallelo: Isa 55,10-11: *Come infatti la pioggia e la neve scendono dal cielo e non vi ritornano senza avere irrigato la terra, senza averla fecondata e fatta germogliare, perché dia il seme a chi semina e il pane a chi mangia, così sarà della mia parola uscita dalla mia bocca: non ritornerà a me senza effetto...* Una possibile allusione potrebbe essere Isa 40,8: *Secca l'erba, appassisce il fiore, ma la parola del nostro Dio dura per sempre.*

9,7: *In Isacco ti sarà data una discendenza*: Gen 21,12
Il punto di vista paolino è teologico e storico-salvifico. La sola appartenenza fisica alla discendenza di Abramo non assicura la piena partecipazione al popolo di Dio[10]. Il testo citato da Gen 21 segue la versione della LXX.

9,9: *Io verrò in questo tempo e Sara avrà un figlio*: Gen 18,10: Dio assicura a Abramo il compimento della propria parola. Paolo non insiste sul lato umano della sterilità di Sara, ma sulla dimensione divina dell'evento. Gen 18,10.14 è uno dei testi di cui Paolo farà una rete intertestuale, il cui termine chiave diventa una citazione programmatica (*In Isacco ti sarà data una discendenza*), i termini che saranno ripresi, come ricapitolazione in citazioni da Osea e Isaia (in Rom 9,25-29), creeranno un'inclusione fra vv. 6-29. La metafora del vasaio e l'argilla allude alla parabola di Geremia:

Scesi nella bottega del vasaio, ed ecco, egli stava lavorando al tornio. Ora, se si guastava il vaso che stava modellando, come capita con la cre-

---

[10] Così argomenta BARCLAY: "... la nazione reale di Israele, il reale popolo eletto, mai c'è in tutta la nazione; essa si trova sempre nel *resto giusto*, i pochi che erano leali a Dio quando tutti gli altri Lo negavano. Era così nei giorni di Elia, quando sette mila rimasero fedeli a Dio mentre il resto della nazione era andato verso Baal" ("... the real nation of Israel, the real chosen people, never lay *in the whole nation*; it always lay in the righteous remnant, the few who were true to God when all others denied Him. It was so in the days of Elijah, when seven thousand remained faithful to God when the rest of the nation had gone after Baal"): *Letter to Romans*, op. cit., 126.

ta in mano al vasaio, egli riprovava di nuovo, e ne faceva un altro, come ai suoi occhi pareva giusto. Allora mi fu rivolta la parola del Signore in questi termini: "Forse non potrei agire con voi, casa d'Israele, come questo vasaio? Oracolo del Signore. Ecco come l'argilla è nelle mani del vasaio, così voi siete nelle mie mani, casa d'Israele (18,3-6).

La parabola suggerisce che il potere del vasaio non è distruttivo, bensì creativo. È allo stesso tempo una chiamata alla conversione e un affermare la sovranità benevola di Dio. Così non si cade nella falsa interpretazione di Rom 9,14-29 come un excursus della dottrina della predestinazione.

9,12-13: *Il maggiore sarà sottomesso al minore* (Gen 25,23)... *Ho amato Giacobbe e ho odiato Esaù* (Ml 1,2-3): Per Paolo, Dio ha scelto Giacobbe escludendo Esaù, non perché uno era santo e l'altro peccatore, ma piuttosto si riafferma che Dio è pieno di grazia incondizionata e di una libertà sovrana, benché non sia spiegato il rapporto con la libertà umana[11]. Nel testo del profeta Malachia, il Signore dichiara il suo amore per Israele/Giacobbe. La scelta di Giacobbe è segno dell'amore preferenziale di Dio per Israele/Giacobbe e non per Edom/Esaù. Nell'insieme, si conferma il progetto elettivo proprio di Dio, perciò Paolo, nella conclusione della sezione esclamerà: *Chi mai gli è stato consigliere?* (Rom 11,34 = Is 40,13).

La testimonianza della Scrittura ha una grande portata: si presentano testi diversi della storia della salvezza: dalla tradizione dei padri (9,6-13) si passa all'episodio di Mosè (9,14-18) e poi alle parole dei profeti:

9,15: *Avrò misericordia per chi vorrò averla, e farò grazia a chi vorrò farla*: Es 33,19: La misericordia, attributo di Dio, è espressione della sua libertà. Queste parole citate da Paolo, nel contesto dell'Esodo, seguono

---

[11] Anche se la traduzione dell'ebraico sembra corretta, il senso del testo, mi pare, si dovrebbe trovare più nella preferenza che non nell'"odio" di Esaù, come traduce la Bibbia *Libro del Pueblo de Dios* (San Pablo, Madrid, España, 1998): "Preferí a Jacob, en lugar de Esaú". "... il lessico dell'odio e dell'indurimento –scrive Aletti– sembra denotare un'enfasi tipica di Paolo, enfasi che occorrerebbe smorzare onde trovarvi l'idea soggiacente, cioè che Dio non ha voluto come testimone e araldo della sua giustizia una nazione grande, ricca e potente": *La Lettera ai Romani*, op. cit., 93.

alla richiesta di Mosè che Dio facesse vedere la sua gloria. La frase della citazione di Paolo è preceduta da quest'altra: *Io stesso farò passare davanti a te tutta la mia gloria e proclamerò il mio nome* (Es 33,19a). Il pensiero di Paolo lascia vedere che di fronte a Dio, l'uomo non può esigere o pretendere nulla. Lontano dall'essere arrogante, l'uomo può solo adorare la sua misteriosa volontà. In ogni modo, nelle parole di Paolo, Dio parla solo in termini di misericordia o compassione.

9,17: *Ti ho fatto sorgere per manifestare in te la mia potenza e perché il mio nome sia proclamato in tutta la terra*: Es 9,16: il Faraone funziona come uno strumento nelle mani di Dio, che serve ai suoi disegni. Lo scontro era tra Dio e il Faraone (Es 5-14). Qualcosa di analogo avverrà nel caso di Nabucodonosor, devastatore di Israele, che sarà visto anche come strumento di Dio (addirittura come "servo", da Ger 27,6). Abbiamo qui un abbozzo di teologia della storia: Dio, provvidente, guida gli avvenimenti umani. Bisogna imparare a leggere la storia con gli occhi della fede.

9,20: *Oserà forse dire il vaso plasmato a colui che lo plasmò: "Perché mi hai fatto così"?*: Isa 29,16: Per dire che l'uomo non è allo stesso livello di Dio. Il Qo aveva già scritto: *Il tuo cuore non si affretti a proferir parola davanti a Dio, perché Dio è in cielo e tu sei sulla terra* (5,1). Il Crisostomo perfino commenta: "In paragone con lui, non puoi essere nulla: non questo o quello, ma nulla!" (*PG* 60,558). Si possono vedere anche Isa 45,9: *Potrà forse discutere con chi l'ha plasmato un vaso fra altri vasi d'argilla? Dirà forse la creta al vasaio: "Cosa fai"?*; Isa 64,8; Ger 18,6: *Ecco, come l'argilla è nelle mani del vasaio, così voi siete nelle mie mani, casa d'Israele*; Sap 15,7. Questo linguaggio non è tanto per illustrare la condizione umana, quanto per evidenziare la libertà e autorità divina.

9,21: Ger 18,6 (cfr. paragrafo precedente).

9,23: Sap 12,20-21: *Se infatti i nemici dei tuoi figli, pur meritevoli di morte, tu hai punito con tanto riguardo e indulgenza, concedendo tempo e modo per allontanarsi dalla loro malvagità, con quanta maggiore attenzione hai giudicato i tuoi figli, con i cui padri concludesti, giurando, alleanze di così buone promesse!*

Possibile allusione ancora: Isa 66,18b-20: ... *Io verrò a radunare tutte le genti e tutte le lingue, essi verranno e vedranno la mia gloria (v. 18b)...*

Dopo la parabola, Paolo parla ai cristiani sulla sua 'chiamata' indirizzata a tutti, giudei e pagani. Dio è l'unico soggetto del verbo "chiamare". È lui che ci ha chiamato tutti all'esistenza, semplicemente perché ci ama. Il motivo della vocazione è l'aggancio con la citazione immediata di Osea. La sua rilettura è un smantellare nuovamente la falsa sicurezza di Israele, e vedere nel testo profetico l'intenzione di Dio di abbracciare i gentili come suo popolo:

9,25-26: *Chiamerò mio popolo quello che non era mio popolo
e mia amata quella che non era l'amata.*   Os 2,25
*E avverrà che, nel luogo stesso dove fu detto loro:
"Voi non siete mio popolo",
là saranno chiamati figli del Dio vivente.*   Os 2,1

In questa doppia citazione, poche parole rimangono intatte. Non è che Paolo abbia trascurato il testo originale, ma piuttosto è uno dei suoi artefici, come scrive Stanley:

L'arte con cui i due versetti sono stati interconnessi e riadattati al nuovo scopo dimostra che non si tratta di un lapsus della memoria, ma piuttosto dello sforzo cosciente di un redattore attento che ha voluto produrre questo sofisticato pezzo di composizione letteraria retorica[12].

Chiaramente, i vv. 25-26 parlano della chiamata dei pagani. È la prima volta che emerge in Rom il concetto di 'popolo', ma riferito ai pagani. Il problema si pone quando si avverte che nel testo di Osea si trattava di Israele; il profeta non si riferiva ai gentili. Per Paolo invece, il passo di Osea esplicita quello di Es 33,19, già citato precedentemente dal Apostolo (*Avrò misericordia di chiunque ho misericordia e avrò compassione di chiunque ho compassione*). "L'origine e l'estrazione –commenta Aletti–, quindi, non sono più un handicap discriminante: Dio può chiamare chi vuole ad entrare a far parte dell'alleanza. Sotto questo stesso aspetto, la situazione simbolica di Os 1-2 prefigura e annuncia

---

[12] C. D. STANLEY, *Paul and the Language of Scripture. Citation Technique in Pauline Epistles and Contemporary Literature* (SNTS MS 69), Cambridge 1992, 109.

quella dei pagani, chiamati per misericordia"[13]. Così la lettura paolina di Os 2 aiuta a vedere il nesso e la coerenza tra Rom 9 e Rom 4. La situazione contemporanea del popolo giudaico è analoga a quella dell'Israele infedele di cui parla Osea.

Sembra che la menzione del luogo, nell'argomentazione paolina non abbia alcun significato particolare. Il testo profetico offre a Paolo, infatti, l'occasione per riflettere sul tema della riunificazione di Giuda e Israele, paradigma di un'unione futura tra giudei e gentili nel nome di Gesù Cristo. Ritorna il tema della figliazione adottiva (rimarcato prima in 8,14-16). L'espressione "Dio vivente", propria di Osea, acquista un tono di speciale solennità.

9,27-28:   *Se anche il numero dei figli d'Israele*
fosse come la sabbia del mare,
solo il resto sarà salvato;
perché con pienezza e rapidità
il Signore compirà la sua parola sulla terra: Os 2,1; Isa 10,22-23.

Questa ultima citazione di Isaia viene 'accomodata' da Paolo. Infatti, il testo originale dice così:

Poiché anche se il tuo popolo, o Israele, fosse come la sabbia del mare, solo un suo resto ritornerà. È decretato uno sterminio che farà traboccare la giustizia. Sì, un decreto di rovina eseguirà il Signore, Dio degli eserciti, su tutta la regione.

Questo processo di 'riduzione' è considerato da Paolo, non negativamente, ma come un giudizio divino contro Israele. Ma il pronunciamento è in favore d'Israele, come un atteggiamento preferenziale. Paolo combina il testo di Isaia con quello di Osea. Ma anche se Paolo pensa, parlando sul 'resto', a quei giudei che hanno accolto il vangelo, non vuol dire che Dio abbia privato Israele dei suoi privilegi. Anche quelli che sono esclusi dal resto, lo sono solo temporaneamente. Se la realizzazione della salvezza si esprime qui al futuro, in 11,5 si riferisce anche al presente. Se il testo di Osea sottolinea che Dio ha chiamato anche i gentili, quello di Isaia è piuttosto un messaggio di speranza che non di condanna: Dio chiama ai giudei.

---

[13] *La Lettera ai Romani*, op. cit., 95.

Probabilmente il testo di Isa 10,23 è combinato con quello di Isa 28,22 (*Per tanto, dice alla casa di Giacobbe il Signore, che riscattò Abramo: "D'ora in poi Giacobbe non dovrà più arrossire, il suo viso non impallidirà più"*). Rispetto al termine "terra", si tratta qui probabilmente della "concreta realizzazione storica della parola divina senza avere una valenza direttamente universalistica"[14]. Il termine "resto" o il suo equivalente appare negli scritti profetici con relativa frequenza, per esempio:

> *Chi sarà rimasto in Sion e chi sarà superstite in Gerusalemme sarà chiamato santo, cioè quanti saranno iscritti per restare in vita in Gerusalemme* (Isa 4,3); *Ascoltatemi, casa di Giacobbe e voi tutti, superstiti della casa di Israele* (Isa 46,3); *Certo ti radunerò tutto, o Giacobbe, certo ti raccoglierò, resto di Israele* (Mi 2,12); *Il resto di Giacobbe, sarà, in mezzo a molti popoli, come rugiada mandata dal Signore e come pioggia che cade sull'erba* (Mi 5,7).

9,29: *Se il Signore degli eserciti non ci avesse lasciato una discendenza, saremmo divenuti come Sòdoma e resi simili a Gomorra*: Isa 1,9

La nuova citazione di Isa mette insieme due immagini: quella del resto e quella della discendenza (come un eco di Gen 21,12). Nonostante le ribellioni di Israele al suo Dio, il profeta annuncia la misericordia di Dio, persistente, verso Sion. La menzione di queste due città serve per sottolineare il contrasto. Israele non meritava un trattamento diverso. Il termine "sperma", discendenza, posterità, nel contesto della Lettera è sinonimo di "resto", con l'accento sulla promessa di un futuro. Il passo d'Isaia, più che una predizione, è una constatazione, un preannuncio: quel seme vale come paradigma che anticipa quanto si verifica nel presente di Paolo in relazione ai giudei che hanno accolto il vangelo, che sono il segno della misericordia di Dio verso Israele.

Così si è potuto vedere come lo sviluppo nei vv. 25-29 è preso totalmente dalle Scritture. Non si tratta solo dei testi per *provare*, ma di una vera argomentazione scritturistica, che presenta la novità della chiamata ai gentili e dice chi è il vero Israele.

---

[14] R. PENNA, *Lettera ai Romani*, op. cit., 687.

Rivelazione definitiva della giustizia di Dio in Cristo (9,30-10,21)

L'argomentazione di Paolo lascia vedere la sua visione universalista, e colloca il problema di Israele in una prospettiva più vasta. La giustizia di Dio non è stata rivelata solo per Israele ma per tutti gli uomini. In questa linea argomenta Wright:

> Il brano non è sulla responsabilità umana né soltanto sull'incredulità di Israele. Esso riguarda invece il modo in cui, attraverso il Messia e la predicazione che lo annuncia, Israele è trasformato da popolo etnico in una famiglia a raggio mondiale, e, ancora una volta, riguarda il fatto che proprio questo era ciò che Dio aveva sempre detto di voler fare[15].

Possiamo distinguere, nella composizione del brano, tre sottosezioni: 1) sulla giustizia di Dio, slegata dalle opere e connessa con la fede del credente (9,30-10,4); 2) sulla figura di Cristo, sostituto delle opere della Legge e centro della fede (10,5-13); 3) una prospettiva "missionaria", che sottolinea la destinazione universale della parola del vangelo. L'unitarietà tematica si può trovare nella ricorrenza del termine *giustizia*.

9,30: Segna una pausa e s'introduce uno stile di diatriba. Paolo riflette su quanto è stato detto prima, poi riprenderà il discorso, per completare e chiarire il proprio pensiero.

9,31: Considera Israele come una realtà omogenea e piuttosto negativa: *non raggiunse lo scopo della Legge*. L'espressione è brachilogica (ellittica, concentrata). Paolo sta pensano ora a Israele come giudaismo, cioè come grandezza religioso-culturale tipica in quanto è assolutamente specificata dalla Legge. Non è riuscito –Israele– a trovare il vero nucleo o centro della Legge; sembra di non aver capito qual' è l'essenziale della Legge, come sottolinea Hays:

> La somma e sostanza della Torah, secondo l'argomento totale di questa Lettera, è la giustizia per la fede. Questo è ciò che Israele non aveva

---

[15] La traduzione italiana è citata da R. Penna, nel suo commento: *La Lettera ai Romani*, nella p. 693. L'originale è da N. T. Wright, *The Climax of the Covenant: Christ and the Law in Pauline Theology*, T & T Edinburg, 1991, 240

capito, e ciò che l'azione di Dio in Cristo fa adesso evidente –per Paolo–aldilà di ogni possibile dubbio[16].

9,32a: A Israele manca la fede cristologica. L'idea negativa che Paolo può avere della Legge si può spiegare dicendo che essa e la sua pratica oscurano la novità del primato salvifico di Cristo. Il rapporto con Dio non può essere appoggiato solo sul compiere le opere.

K. Barth, parlando su questa situazione triste di Israele, si riferisce all'uomo in stato di miseria, dal momento che non è stato capace di riconoscere al Dio vero. E così parla della "crisi della conoscenza"[17].

9,33: *Ecco, io pongo in Sion una pietra d'inciampo e un sasso che fa cadere; ma chi crede in lui non sarà deluso*:

Paolo tiene presente il testo di Isaia 28,16: *Ecco, io getto nelle fondamenta di Sion una pietra costosa, scelta, angolare, onorata, nelle sue fondamenta, e chi crede su di essa non sarà confuso*. Il linguaggio è adesso metaforico: un impedimento nel cammino. L'Apostolo combina anche il testo di Isa 8,14: *Egli sarà insidia e pietra di ostacolo e scoglio d'inciampo per le due case d'Israele, laccio e trabocchetto per gli abitanti di Gerusalemme*, che inserisce dentro del primo testo (Isa 28,16).

Possiamo notare l'inserimento di *skandalon* al posto di *ptoma* (caduta) del testo della LXX. In 1Cor 1,23 aveva parlato Paolo di Cristo crocifisso come *scandalo per i giudei* (1,23), come anche in Gal dello *scandalo della croce* (5,11). Analogamente, in Mt 7,24 si legge la casa fondata "sulla roccia". E Lutero commenta:

Chi crede in Cristo non avrà da correre, da fuggire, da spaventarsi; non ha nulla da temere, sta sereno e sicuro sul fondamento di una roccia solida, come si è espresso il Signore in Mt 7... non è confuso, né arrossisce, dal momento che è sicuro in Cristo (in Pani 2, 159.161)[18].

L'Apostolo vuol ricordare che Israele ha inciampato per la sua mancanza di fede; con il proprio confidare nelle opere non ha potuto affi-

---

[16] R. Hays, *Echoes*, op. cit., 76.

[17] K. Barth, *L'Epistola ai Romani*. Feltrinelli, Milano 1962, 345 (orig. *Der Römerbrief*. Zurich, 1954).

[18] M. Lutero, a cura di F. Buzzi, op. cit., 581.

darsi a Dio, per aprirsi all'accettazione di Cristo crocifisso come Messia. L'esclusione di ogni confusione o vergogna vuol dire riaffermare il valore della fede come stabilità e sicurezza.

Capitolo 10

10,1: Paolo si rivolge direttamente ai suoi lettori (è la quinta volta: 1,3; 7,1.4; 7,12). La frase paolina esprime un desiderio umano e una richiesta a Dio.

10,2-3: L'Apostolo offre una testimonianza personale a onore di Israele. Riconosce il loro zelo come sincero; mette in questione però il loro modo di pensare per ottenere la giustizia.

10,4: Ché vuol dire qui il sostantivo *télos*? Dare a questo sostantivo un senso costituisce una grossa difficoltà, che è proprio una vera *crux interpretum*: significa che Cristo è il fine o traguardo della Legge (interpretazione finalistica), o piuttosto che il termine intende Cristo come la fine o cessazione di un periodo anteriore contrassegnato dalla Legge ma ormai chiuso (interpretazione temporale)?[19].

10,5: A questo punto dell'argomentazione, Paolo trae un testo dal Lev:

L'uomo che la mette in pratica, per mezzo di essa vivrà: Lev 18,5

che corrisponde a quello della LXX. Paolo scrive "Mosè" come una metonimia del Pentateuco, richiamando così al personaggio più autorevole della storia di Israele. L'Apostolo vuole stabilire che la giustizia legata alla Legge si fonda solo sull'osservanza pratica dei suoi precetti. Questo testo del Levitico era utilizzato nell'AT per affermare che la Legge era stata data da Dio per dare la vita a Israele (cfr. Dt 5,33: *Camminate in tutto e per tutto per la via che il Signore vostro Dio vi ha prescritta, perché viviate e siate felici e rimaniate a lungo nel paese di cui avrete il possesso;* 8,1; Bar 4,1; Ez 18,9.21; 20,11.13,21; 33,19; Sir 17,9; 45,5). Paolo aveva citato lo stesso testo di Lev 18,5 in Gal 3,12, con un senso negativo: la prospettiva prassistica della Legge si trova in contrasto con la gratuità della giustizia ottenuta per fede.

---

[19] SCHLIER opina che si tratta di un "termine": "*tèlos*" è senza dubbio usato nel senso consueto di "fine", "termine": *La lettera ai Romani*, op. cit., 505.

Paolo sottolinea la dimensione puramente "fattiva/operativa" della Legge, e a ciò era collegata la promessa della vita, ma non quella escatologica o spirituale, ma quella fisica in senso tanto individuale quanto nazionale. Però Paolo "intende la vita come pienezza di comunione con Dio tanto nel presente quanto nel futuro; d'altronde, egli già in Gal 3,21 aveva negato che la Legge potesse dare la vita"[20].

10,6-7: *"Non dire nel tuo cuore: Chi salirà al cielo?" –per farne cioè discendere Cristo;*

oppure:

"Chi scenderà nell'abisso?" –per far cioè risalire Cristo dai morti.

Adesso Paolo dà la parola alla giustizia stessa: non è più Mosè a parlare, ma la giustizia. Così, l'Apostolo fa una combinazione di Dt 9,4 e Dt 30,12-13. Il secondo interrogativo paolino non corrisponde esattamente al passo del Deuteronomio, che parlava di attraversare il mare. Le parole sono probabilmente un richiamo al TgN sul caso di Giona ("discendere nelle profondità del Grande Mare").

Invece dei comandamenti della Legge, Paolo riferisce le stesse parole a Cristo. Così Gesù diventa il nuovo corrispettivo di Mosè e di Giona, e ancora un reale sostituto di ogni comando ingiuntivo. Si potrebbe pensare, con i due atti in successione –scendere e risalire-, a una possibile allusione al doppio momento dell'incarnazione e della risurrezione, eventi già compiuti da Dio.

10,8: *Vicino a te è la Parola, sulla tua bocca e nel tuo cuore:* Dt 30,14; Sir 21,26.

Paolo omette l'ultima frase: *"… e nelle tue mani per metterla in pratica".* Sembra che il suo intento è evitare ogni riferimento allo sforzo dell'osservanza pratica. Quella che nel Deuteronomio era la parola della Legge, qui diventa la parola della predicazione. La menzione della predicazione suggerisce una fede proclamata. Perciò la parola della fede è "vicina", in quanto la predicazione non parte dal cielo ma da un annunciatore umano.

10,9: Si fa una combinazione dei termini bocca-cuore, che si riprendono dal Dt 30,14, e ci permettono di distinguere e insieme di congiungere

---

[20] R. PENNA, *La Lettera ai Romani*, op. cit., 710.

le due dimensioni della fede, esterna e interna. Tanto sulla bocca quanto nel cuore del cristiano non c'è più la Legge, ma c'è Gesù Cristo! La confessione esterna nasce dal profondo di una convinzione personale, e viene considerata come *homologia*, che diventa un atto ecclesiale, perché significa un acconsentire pubblicamente davanti a un gruppo. Le parole che R. Penna illuminano il significato di questo tema:

> La homologia consiste in un'ammissione/riconoscimento aperto e deciso, contrapposto a una negazione, eventualmente fatto anche in pubblico davanti a testimoni. Quanto al suo contenuto, Paolo è indubbiamente debitore di un linguaggio protocristiano a lui anteriore. La confessione di Cristo come Signore, infatti, appartiene ai primordi della fede pasquale[21].

10,10: Conformità con il detto evangelico: *Dall'abbondanza del cuore parla la sua bocca* (Lc 6,45; Mt 12,34). È significativa la successione ora indicata: primo la giustizia, poi la salvezza, da una si procede all'altra; la prima concerne l'identità presente del cristiano, mentre la seconda si riferisce al suo *status* futuro.

10,11: *Chiunque crede in lui non sarà deluso:* Isa 28,16
10,13: *Chiunque invocherà il nome del Signore sarà salvato:* Gl 3,5

Troviamo adesso una prospettiva universalistica, essenziale all'orientamento evangelico del discorso paolino. Si ricordi che l'universalismo della salvezza legato alla fede in Cristo è uno di capisaldi della teologia paolina. Nel testo di Isa 28,16 mancava il pronome *pas*. Paolo lo introduce per rinforzare il testo profetico. Cristo non solo riscatta dalla vergogna o dallo scontento, ma è un principio di affrancamento e riabilitazione per tutti gli uomini. La prospettiva è più cristo-logica che teo-logica. La signoria di Cristo non si ferma davanti a barriere umane: tutti gli uomini sono chiamati a vivere sotto la protezione della sua misericordia.

Paolo applica la formula di Gioele indistintamente a tutti coloro che invocano il nome del Signore, compresi i gentili. Il titolo *Kyrios*, dalla designazione del Dio di Israele, passa ora a indicare Gesù Cristo. Il verbo al futuro, nella conclusione ("sarà salvato"), indica un orizzonte escatologico.

---

[21] R. Penna, *Lettera ai Romani*, op. cit., 714.

10,14-21: Paolo passa a una tematica propriamente "missionaria". Sono adesso privilegiati il fatto e la portata dell'annuncio evangelico. La nuova sezione ha un dinamismo interno e una dimensione emotiva.

10,14-15a sono uniti dalla ripetizione dell'avverbio interrogativo e la tecnica delle *parole-aggancio* (l'ultima parola di una frase viene ripresa all'inizio di quella successiva; i 'agganci' uncinano una proposizione all'altra). Dall'idea d'invocazione (del Signore) a quella di missione, si opera un crescendo, dal punto di vista logico. La vera successione dei momenti dovrebbe essere, non quella del testo (invocazione-fede-ascolto-annuncio-missione), ma in senso inverso: missione-annuncio-ascolto-fede-invocazione, e così si spiega meglio il processo del credente, indicato in cinque termini, che corrispondono a cinque verbi.

Sorprendentemente, la fede di cui si tratta qui non conduce ad agire (cfr. Gal 5,6), ma a pregare. La preghiera in questione implica un riconoscimento del Signore (Gesù) e un affidamento a lui. Una fede del genere però si basa sull'ascolto del vangelo; non deriva dalla teologia naturale, da una semplice osservazione della bellezza del creato oppure dall'esercizio intellettuale di un ragionamento, ma dall'ascolto a un annuncio esterno, non necessariamente prevedibile. Una proclamazione del genere si rende possibile grazie a una missione.

10,15: *Quanto sono belli i piedi di coloro che recano un lieto annuncio di bene!:* Isa 52,7. Paolo combina, dal punto di vista retorico, una sineddoche (parte per il tutto) e una metafora (immagine dell'annuncio stesso). Il significato di *horaioi* (belli) costituisce un problema esegetico: dimensione temporale? Può significare anche in senso traslato "primavera della vita", cioè "bellezza, grazia, eleganza". Anche il significato attribuito a "piedi": potrebbe essere "tempestivi, opportuni, puntuali", oppure "belli, amabili, piacevoli". In ogni modo, si tratta di un elogio, in parole poetiche, di quanti s'impegnano a diffondere il vangelo. In consonanza con la velocità dell'annuncio della Parola, parlano il Salmi: *Manda sulla terra la sua parola, il suo messaggio corre veloce* (147,15).

10,16: *Signore, chi ha creduto dopo averci ascoltato?* Isa 53,1

Non si tratta, nel credere, di un semplice assenso intellettuale, ma di una rinuncia all'affermazione di sé per affidarsi totalmente al Signore.

Con il profeta, l'Apostolo si lamenta per l'incredulità, apparentemente di tutti gli uomini, ma probabilmente in primo luogo del suo popolo.

10,18: *Per tutta la terra è corsa la loro voce, e fino agli estremi confini del mondo le loro parole:* Sal 19,5

Paolo cita il Salmo senza fare nessuna introduzione, e ciò evidenza la familiarità con le Scritture, tanto da parte sua come dei suoi destinatari. Siccome l'annuncio ha avuto una risonanza universale, non c'è scusa per non credere al Vangelo. Il salmo di cui il testo citato è stato preso, ha una dimensione cosmica, già dall'inizio: *I cieli narrano la gloria di Dio, il firmamento annuncia l'opera delle sue mani.* Paolo fa però un movimento ermeneutico: ciò che il salmo afferma sul piano cosmologico, lui lo trasferisce sul piano dell'annuncio storico ed evangelico. L'Apostolo vuole richiamare una prospettiva universalistica, per affermare che la missione è stata estesa aldilà di Israele, quindi fino all'inclusione dei gentili, senza negare il primo posto che lui ha per Israele.

10,19: *Io vi renderò gelosi di una nazione che nazione non è;*   Dt 32,21
      susciterò il vostro sdegno contro una nazione senza intelligenza.

Sembra che Paolo applica la qualifica deuteronomica ai gentili. Pensa a loro (gentili), perché erano anche loro destinatari della salvezza in generale, ma soprattutto perché hanno accolto il vangelo (a differenza di Israele). Il progetto salvifico di Dio va oltre Israele stesso e include anche popoli *senza intelligenza*, cioè che non conoscono né l'alleanza né la Torah. Come si può comprendere la *gelosia* di Israele? Secondo Paolo, "la gelosia di Israele si spiega non perché i privilegi dell'alleanza siano stati 'trasferiti' ai gentili, ma perché essi sono stati 'estesi' ai gentili"[22].

10,20: *Sono stato trovato da quelli che non mi cercavano,*   Isa 65,1
      mi sono manifestato a quelli che non chiedevano di me.

Paolo usa una formula d'introduzione straordinaria, per dire che Isaia 'osa dire' qualcosa di forte o perfino scandaloso: *Isaia poi arriba fino ad affermare.* La novità dell'espressione paolina si trova nella trasformazione del passo profetico: da una condanna a Israele si passa

---

[22] R. Penna, *Lettera ai Romani,* op. cit., 727.

a una proclamazione di salvezza per i gentili. Nonostante l'atteggiamento del popolo, che volta le spalle a Lui, il loro Dio, Yahveh si dichiara disponibile al suo popolo, che continua a mostrarsi un popolo infedele. L'aspetto scandaloso della tesi di Paolo, con un tocco d'ironia, è che una ricerca preconcetta di Dio non porta necessariamente a un incontro con Lui, il Dio vero, che si fa trovare da coloro che non pensavano nemmeno d' incontrarsi con Lui. Il Dio di Gesù Cristo è un Dio imprevedibile, non programmabile, sorprendente, maggiore dei nostri ragionamenti, e perciò scandalo e stoltezza per la piccolezza della ragione umana (cfr. 1Cor 1,18-25).

10,21: *Tutto il giorno ho steso le mani*	Isa 65,2
verso un popolo disobbediente e ribelle!	

Mentre gli uni (i gentili) trovano Dio (Rom 10,20), Israele resiste. La metafora delle mani protese è eloquente: è il Signore a supplicare Israele, che si mostra ostinato e chiuso. Però, considerando il testo nella sua continuazione (c. 11), l'Apostolo non riferisce l'ennunciato profetico alla totalità di Israele, perché introduce dopo il concetto di "resto": "Afferma il Signore: ... Io farò uscire una discendenza da Giacobbe..." (Isa 65,8s).

Dunque, nel cap. 10 Paolo dimostra che credere è essenziale, non solo per la giustificazione (cap. 4), ma anche per la salvezza[23].

Capitolo 11

11,2: *Dio non ha ripudiato il suo popolo*	Sal 44,10s; 94,14

Paolo conferma la risposta negativa alla sua domanda iniziale di 11,1 con un' informazione autobiografica. Ha cambiato *Kyrios* per *Theòs*, per lasciare chiaro che sta parlando di Yahve, il Dio di Israele, e non del Kyrios Christòs. Dalla dichiarazione paolina si evince che la fedeltà di Dio al suo popolo non riguarda solo il futuro, come una promessa da compiersi, ma come una realtà attuale. Anche se non appartiene alla citazione biblica, Paolo aggiunge che il popolo è stato "scelto fin da principio", pensiero che può richiamare Am 3,2a: *Soltanto voi ho conosciuto fra tutte le stirpi della terra.* L'Apostolo aveva già detto lo

---

[23] Cfr. J.-N. ALETTI, *La Lettera ai Romani*, op. cit., 102.

stesso riferito ai cristiani in 8,29 (*coloro che preconobbe li predestinò anche a essere conformi...*).

L'uso del sintagma "popolo di Dio" richiama l'uso giudaico con le sue caratteristiche: *laòs*, che indica un'entità etnica o nazionale, particolarmente Israele come popolo di Dio, diverso delle altre nazioni (*ethne*)[24].

Anche se non si può dire con sicurezza che Paolo intende creare risonanze con 1Sam 12,22 e con Sal 94,14, quando scrive *Dio non ha ripudiato il suo popolo*, non si può negare che le parole della Scrittura risuonano nel suo testo, come sostiene giustamente Hays:

> La poesia e i racconti della Scrittura governano materialmente la sua confessione. La *parola* della Scrittura, ormai parlata, rimbalza ed è sentita ancora una volta nel discorso di Paolo. Conseguentemente, le frasi di Paolo portano il peso del significato acquistato attraverso l'espressione narrativa e liturgica anteriore[25].

11,3: Signore, *hanno ucciso i tuoi profeti, hanno rovesciato i tuoi altari, sono rimasto solo e ora vogliono la mia vita*   1Re 19,10.14

Troviamo qui l'unica ricorrenza del nome di Elia in tutto l'epistolario paolino. Paolo evita la prima denuncia di Elia, molto grave: *i figli di Israele hanno abbandonato la tua alleanza*, e si riferisce solo ai profeti ed agli altari e si mostra indulgente nei confronti di Israele.

11,4: *Mi sono riservato settemila uomini, che non hanno piegato il ginocchio davanti a Baal*   1Re 19,18

La "voce divina" è un ricorso per evitare pronunciare il nome di Dio oppure per sottolineare la forza e autorevolezza della risposta divina. Rappresenta la risposta di Dio al lamento di Elia. Il numero (settemila) indica una quantità indefinita, anche se non trascurabile, di persone, che rappresentano un nucleo su cui contare; purtroppo, la maggioranza è d'altro genere. Il fatto di "piegare il ginocchio" allude alla danza in onore di Baal (cfr. 1Re 18,26), e non a un atto di adorazione.

---

[24] Cfr. JAMES D. G. DUNN, *Romans 9-16*. Word Biblical Commentary 38$_B$ Word Books, Dallas, Tx, 1988, 634.

[25] R. HAYS, *Echoes of Scripture*, op. cit., 70.

11,8: *Dio ha dato loro uno spirito di torpore*   Dt 29,3; Is 29,10
      occhi per non vedere
      e orecchi per non sentire,
      fino al giorno d'oggi.

Paolo fonde insieme due diversi testi veterotestamentari: Dt 29,3 LXX (*E il Signore Dio non vi diede un cuore per conoscere e occhi per vedere e orecchie per ascoltare, fino a questo giorno*) e Is 29,10 (*Il Signore vi fece bere uno spirito di torpore e chiuderà gli occhi loro e dei loro profeti e dei loro capi*). Combina perciò Mosè e Isaia, e interpreta l'uno con l'altro. Il sintagma "spirito di torpore" (stordimento, percossa, stupore) potrebbe essere epesegetico (il primo sostantivo si risolve nel secondo), e così si allude alla mancanza d'intelligenza di Israele nei confronti di Dio e del suo proggetto di salvezza. L'ultima parola di Dio non è l'imposizione dell'indurimento/ostinazione o mancanza di sensibilità di Israele, ma la sua fedeltà, che vincerà sull'infedeltà del suo popolo.

11,9-10: *Diventi la loro mensa un laccio, un tranello,*   Sal 69,23s
        un inciampo e un giusto castigo!
        Siano accecati i loro occhi in modo che non vedano
        e fa'loro curvare la schiena per sempre!

Continua Paolo con l'accusa a Israele. Con la menzione di Davide, in un lungo testo, si aggiunge ancora un altro testimone. Originalmente il salmo era diretto contro i nemici di Davide. Adesso Paolo lo dirige contro il suo popolo. Il salmo era letto nei circoli cristiani come un testo profetico che preanunciava le sofferenze del Messia. Sulla menzione della "mensa", Dunn opina:

> But it is possible that he (Paul) he would take 'their table' as a reference to the cult (cfr. 1Cor 10,21), and so would think of Jewish devotion to their distinctive cultic rituals, or of the importance Pharisees placed on the ritual purity of table fellowship, as the stumbling block[26].

Le parole del Salmo 35 vanno in questa direzione: *Li colga la bufera improvvisa, le catturi la rete che hanno tesa* (v. 8).

---

[26] J. D. G. DUNN, *Romans 9-16*, op. cit., 650.

Questo nuovo passo si connette con gli altri per la menzione degli occhi. Le quattro immagini utilizzate (laccio, rete di caccia, inciampo, retribuzione) offrono un giudizio di condanna. Nella citazione del Salterio si può vedere, dalla Scrittura, la conferma di una constatazione: l'esperienza triste e drammatica del popolo di Dio, che non fu in grado di cogliere la rivelazione della 'giustizia' divina manifestata in Gesù Cristo Signore. Questo è appunto il tema nucleare di tutta la sezione dei cc. 9-11. Risalta il forte contrasto con la visione positiva del Dio che rimane sempre fedele a Israele, ed è Lui a preparare la sua reintegrazione finale. Nonostante quest'accusa, continuano a risuonare le parole del Salmo: *Egli ti libererà dal laccio del cacciatore* (91,3).

11,26-27: *Da Sion uscirà il liberatore,*	Is 59,20-21
egli toglierà l'empietà da Giacobbe.	
Sarà questa la mia alleanza con loro	Is 27,9
quando distruggerò i loro peccati.	

A proposito del sintagma "tutto Israele", nel cap. 9 Paolo stava ragionando in termini di passato e di presente storico-salvifico (faceva enfasi sulla esclusione di una parte considerevole di Israele), mentre nel cap. 11 si colloca in un'ottica di futuro escatologico (e considera una redenzione globale del suo popolo). Per confermare tale prospettiva, Paolo combina due testi isaiani: 59,20-21 e 27,9. Dunque, quando Paolo parla in 11,26a di "tutto Israele", si dovrebbe distinguere: ci sono, in primo luogo, gli ebrei che hanno creduto in Cristo, "il Resto" (9,27), e poi, quelli che hanno rifiutato il Vangelo in nome di un radicale attaccamento alla Legge mosaica (9,30-10,21)[27]. Alla fine, "tutto Israele" sarà ammesso alla salvezza. A proposito di queste citazioni di Isaia, Dunn spiega:

> In quoting Isa 59:20-21, especially as supplemented by Isa 27,9, he catches hold of two other still more strikingly characteristic features of the faith and hope cherished by many Jews. The one is the confident hope that in the last days the dispersed of Israel would return to the promised land and those who had fallen into error would be restored to righteousness. The other is the emphasis, unusual in Paul

---

[27] Cf. J.-N. Aletti, *La Lettera ai Romani*, op. cit., 108.

but deliberately heightened by the fusion of the two Isaiah passages on God's forgiveness of sins"[28].

Per Paolo, il mistero della salvezza della totalità di Israele è documentato nella Scrittura, "sotto l'aspetto di liberazione dall'empietà e dal peccato e di rinnovamento dell'alleanza di Dio con Israele"[29]. Tale misterio si potrebbe interpretare anche teologicamente, secondo lo stesso Schlier, "col ricorso all'insondabile misericordia di Dio"[30].

Il "liberatore" rimane innominato. Nel testo profetico originale si intende che si tratta di Dio stesso. YHWH è colui che libera, sottrae, riscatta, redime, salva. Nel contesto di Isaia, Dio viene per fare una retribuzione secondo le opere. Paolo non fa nessuna menzione di Gesù Cristo, perciò il testo veterotestamentario va inteso in senso teologico. Dio si presenta, non come giudice, ma come salvatore del suo popolo.

C'è altra opinione che legge "il liberatore" come riferito a Gesù Cristo. I rabbini stessi intendevano che dovrebbe riferirsi al Messia. In ogni modo, si tratta di una purificazione di Israele ("Giacobbe"), che porterà il popolo a una comunione con Dio, espressa con il termine "alleanza", realizzata attraverso la mediazione di Gesù Cristo.

11,34-35: *chi mai ha conosciuto il pensiero del Signore?*	
O chi mai è stato suo consigliere?	Is 40,13
O chi gli ha dato qualcosa per primo	Gb 41,3
Tanto da ricevere il contracambio?	

Abbiamo qui due interrogativi retorici, che aspettano una risposta: "Nessuno"! Il testo profetico ha come sfondo la liberazione di Israele dall'esilio babilonese, e parlava sulla potenza e sapienza di Dio come creatore e ordinatore dell'universo (cfr. Is 40,12-28). L'Apostolo pensa al riscato attuale di Israele, che non è meno possibile di quello del passato in Babilonia. E si colloca in una situazione simile a quella di Giobe: *Dio è tanto grande che non lo conosciamo* (36,26 LXX).

---

[28] J. D. G. Dunn, *Romans 9-16*, op. cit., 692.
[29] Così attesta H. Schlier, *La lettera ai Romani*, op. cit., 552.
[30] Ibidem.

C'è una discussione a proposito del testo originale della LXX[31]. Paolo sta pensando alla superiorità senza paragone di Dio. Così l'Apostolo prosegue e ribadisce quanto detto nel precedente v. 34, ricorrendo più al concreto ed eventuale cambio di doni che non a una idea astratta di conoscenza. Insomma, le parole paoline sono una conferma del suo concetto della condotta assolutamente gratuita e generosa di Dio, che aspetta da noi solo il ringraziamento e la lode[32].

Sintesi della Terza Sezione:

Troviamo qui una presenza molto intensa dell'AT, caratterizzata da un alto numero di personaggi biblici nominati, così come da tante citazioni bibliche, che fanno vedere il grande interesse di Paolo per lo sviluppo storico dei fatti riferiti, perché è lì dove si può leggere la provvidenza di Dio. Conviene far presente che in Rom 9-11 il 39% del testo è fatto da citazioni bibliche. Il materiale scritturistico diventa un elemento decisivo per la comprensione di questi capitoli, che sono un vero esempio di "argomentazione scritturistica"[33].

La sezione è strutturata fra un esordio di apertura, che introduce la tematica generale con un lamento, mediante la formulazione del motivo per cui dibattere la questione (9,1-5), e una solenne dossologia, finale, che conclude il discorso (11,33-36). Il *corpus* è diviso in tre parti:

1) la parola di Dio non è venuta meno (9,6-29); dodici citazioni, cioè 5 dal Pentateuco, 7 dai Profeti;
2) Paolo riafferma la sua posizione 'cristiana': la salvezza è donata sulla base della fede in Cristo, mentre Israele ha preferito la Torah a Cristo (9,30-10,21): 14 citazioni: 7 dai Profeti, 5 dal Pentateuco, 2 dai Sapienziali;

---

[31] Cfr. su questo punto, R. PENNA, *Lettera ai Romani*, op. cit., 794.

[32] Nel *Bar. Syr.* si legge: "Ma chi, o Signore, Dio mio, capisce il tuo giudizio, o chi cerca di penetrare la profondità della tua via, o chi riesce a meditare sul tuo consiglio incomprensibile, o chi fra i nati dalla polvere ha mai trovato il principio e la fine della tua sapienza? Perché tutti noi siamo simile a un soffio": XIV,8-9.

[33] Così attesta F. BELLI: "Il predominio della Scrittura in questi capitoli è dunque il fattore decisivo per la comprensione di essi, così che si possa affermare che abbiamo qui un esempio di 'argomentazione scritturistica'": *Argumentation and Use of Scripture in Romans 9-11*. GBP, Analecta Biblica 183, Roma 2010, 13.

3) Ribadisce la sua convinzione: Dio non ha rigettato il suo popolo, che alla fine sarà salvato (11,1-32): 11 citazioni: 4 dai Sapienziali, 2 dai Libri Storici, 1 dal Pentateuco, 4 dai Profeti.

QUARTA SEZIONE: Rom 12,1-15,13
L'etica cristiana nella visione paolina

Visione paolina dell'etica cristiana

Siamo qui di fronte a un passaggio tematico notabile. C'è un rapporto antinomico tra indicativo e imperativo, che corrisponde alle due grandi parti che strutturano l'intera lettera. Un tale rapporto corrisponde a quanto già annunciato dall'apostolo in Gal 5,6: *Ciò che conta in Cristo è la **fede**, che si rende operosa mediante l'**amore**.* Il rapporto tra *pistis e agape* è ciò che connota l'intera Lettera ai Romani: i primi undici capitoli si concentrano nella prima, mentre la seconda si ritrova dal 12,1 al 15,13. Anche se questi capitoli non contengono l'intera morale paolina, sono caratterizzati da una viva coscienza etica. Hanno "il carattere di una parenesi o (meglio) di una paraclesi continua"[1].

Nei capitoli 12 e 13 si fanno esortazioni generiche, senza considerare concretamente la situazione romana (non si menzionano problemi particolari). Invece, in 14,1-15,13 si leggono raccomandazioni indirizzate a gruppi della comunità romana (si parla, per esempio, di "forti" e "deboli"). Una denominazione a questo testo che esprime premure e preoccupazioni paterne, materne e fraterne per la comunità potrebbe essere "ammonimento" apostolico[2].

Se nei precedenti capitoli 9-11 c'era stato un ampio uso dell'AT, nella riflessione sulla situazione storico-salvifica di Israele, Paolo non fonda mai l'etica cristiana su passi della Torah. C'è un unico testo dell'AT con valore argomentativo, cioè Lv 19,18 circa l'amore del prossimo. La citazione è addotta come testo-sintesi di ogni altro comandamento.

---

[1] H. Schlier, *La lettera ai Romani*. Paideia Edit. Brescia, 1979, 562 (*orig. Der Römerbrief*).
[2] Cfr. H. Schlier, *La lettera ai Romani*, op. cit., 569.

Gli studiosi tentano di spiegare la centralità di quest'agape, con la sua componente intrinseca di sincerità[3]. L'apostolo non cita nessun'altra fonte da cui scaturisca l'etica cristiana, però nel sottofondo si può sentire l'eco sia della tradizione sapienziale, sia di una certa tradizione umanistica greca. Nel suo commento di Rom 12,1-2, K. Barth scrive: "Nella problematica morale son meglio molte parole di meno che una sola di troppo"[4].

Nell'insieme troviamo tre motivi etici, integrati a vicenda: 1) un fondamentale motivo di portata escatologica; 2) il motivo dell'*agape*, che connota l'intera esposizione etica; 3) il criterio del *fare il bene ed evitare il male*. Questa sezione si potrebbe intitolare "La presenza cristiana nel mondo"[5]. Si tratta di una moralità pubblica anziché privata.

Nelle espressioni paoline di questi primi due versetti (12,1-2), traspare l'opposizione al culto meramente esteriore e formalistico (cfr. Os 6,6), quando Paolo parla, per esempio, di "culto spirituale", "rinnovando la vostra mente".

12,9: *La carità non abbia finzione: fuggite il male con orrore*

Su questo testo, Origene commenta:

Io ritengo che ogni amore che non è secondo Dio è finto e non è vero. Infatti Dio creatore dell'anima ha inserito in essa, insieme con tutte le virtù, anche il sentimento dell'amore, proprio perché ami Dio e quelle realtà che Dio vuole. Poiché dunque Dio ha dato all'anima questo compito di amare, se uno ha amato qualcosa di diverso da Dio e da ciò che a Dio piace, si deve dire che in lui l'amore è menzognero e finto. Ma anche se uno ama il suo prossimo e quando lo vede in errore non lo ammonisce e non lo corregge, si deve dire che un tale amore è finto […][6].

---

[3] Cfr. come esempio le parole da A. Pitta: "L'*agape* cristiano non prende distanze dal coinvolgimento fisico né dalla reciprocità relazionale, rischiando di impoverirsi, ma si caratterizza come espressione dell'amore originario e gratuito di Cristo e di Dio per noi… In questa tesi del paragrafo, Paolo sottolinea la sincerità dell'amore perché, purtroppo, anch'esso può essere ipocrita o mascherato, come dimostrano le molteplici situazioni dell'esistenza umana": *Lettera ai Romani*, op. cit., 432-433.

[4] K. Barth, *L'Epistola ai Romani*, op. cit., 411.

[5] Cfr. R. Penna, *Lettera ai Romani*, op. cit., 806.

[6] Origene, *Commento alla Lettera ai Romani* Libro IX, cap. 4. Marietti, a cura di Francesca Cocchini, Genova 1986, 109-110.

Si raccomandano, nella pratica della carità, delle sfumature di vera delicatezza: carità "sincera", "affettuosa", "sollecita", "fervente", "che perdona", "ospitale", che previene nei segni di stima e di "onore", che partecipa alle gioie e dolori dei fratelli. La carità considera, non solo i fratelli, ma anche gli estranei e perfino i nemici.

Qui comincia a trattarsi su sentimenti e condotte che si richiedono a tutti. Nel centro o vertice si trova l'*agàpe*. Dopo la richiesta generica, seguono esortazioni particolari (vv. 10-13).

12,17: *Cercate di compiere il bene davanti a tutti gli uomini:* Prov 3,4.

12,18: Dietro dell'esortazione paolina, di fare il possibile per vivere in pace con tutti, sembra tornare un altro motivo sapienziale dell'AT: *Sta' lontano dal male e fa' il bene, cerca la pace e perseguila* (Sal 34,15).

12,19: *Spetta a me fare giustizia, io darò a ciascuno il suo*   Dt 32,35
Paolo rafforza il valore normativo della sua richiesta di rinuncia alla vendetta. Il repudio della rappresaglia è frequente nella tradizione sapienziale (p.e., *Non dire "Ripagherò il mio nemico", ma aspetta il Signore che ti venga in soccorso*: Pr 20,9c LXX).

12,20: *Al contrario, se il tuo nemico ha fame, dagli da mangiare; se ha sete, dagli da bere: facendo questo, infatti, accumulerai carboni ardenti sopra il suo capo:* Prov 25,21-22 LXX
Viene richiesto al cristiano di fare del bene al proprio nemico (addirittura). C'è spontaneamente l'eco del passo di Mt 25,35 (sfamare l'affamato e dissetare l'assetato), come anche la tradizione sapienziale ebraica rappresentata dal testo citato, che a sua volta ha dei precedenti nell'antica tradizione sapienziale egiziana[7]. Davanti a questa richiesta, la figura del nemico sembra quasi svanire o almeno perdere rilevanza. Quest'ultima esortazione approfondisce ancora l'amore richiesto dalla misericordia di Dio, portandolo fino all'amore per il nemico, che è, come dice Schlier, "assieme impossibile e possibile"[8].

---

[7] Cfr. casi vari riportati da R. PENNA, presi dall'antica sapienza egiziana, nel commento qui citato, *Lettera ai Romani*, nella nota 23, p. 869, per esempio: "Datti pane all'affamato e vesti all'ignudo", "Ho dato al bisognoso, ho fatto vivere il povero", [...].

[8] H. SCHLIER, *La lettera ai Romani*. Paideia Edit. Brescia, 1982, 617 (orig.: *Der Römerbrief*. Herder, Freiburg 1977).

Sulla metafora dei carboni ardenti ci sono state diverse spiegazioni, di cui la più convincente è dire che la brace accumulata sul capo del nemico lo porterà al pentimento (avendo sciolto l'asperità della sua inimicizia). Il nemico è piegato dimostrandoli amore e comprensione. Su questo testo, Agostino commenta:

> A molti queste parole potrebbero sembrare in contrasto con il comando, datoci dal Signore, di amare i nostri nemici e di pregare per i nostri persecutori (cfr. Mt 3,44) [...]. Come si può infatti amare uno al quale si dà da mangiare e da bere con l'intento di accumulare sulla sua testa carboni di fuoco, supponendo che nel testo in esame questi carboni di fuoco significhino una grave pena? Bisogna quindi intendere tali parole come un invito affinché, quando facciamo il bene a chi ci ha danneggiato, tendiamo a suscitare in lui il pentimento delle sue malefatte[9].

La breve sezione **13,8-14** offre una ricapitolazione dei motivi fondamentali o costitutivi dell'*ethos* cristiano. Il primo distintivo della morale cristiana è quello dell'*agape*, sintetizzato nei vv. 8-10; Il secondo è il comportamento dei battezzati e la loro prospettiva futura: essi, proiettati verso l'*eschaton*, non si conformano alle sbagliate condotte proprie di "questo mondo"; il terzo contiene l'unica menzione cristologica (13,14). Bisogna rivestirsi di Cristo per non compiere le cose della carne.

L'AT acquista un valore di sintesi normativa veramente fondante, caratteristica straordinaria nella nostra stessa lettera. In questi versetti, Paolo, con un'operazione originale, riduce a unità la molteplicità delle norme proprie della Legge mosaica.

13,9: *Infatti, non commetterai adulterio, non ucciderai, non ruberai, e qualsiasi altro comandamento, si recapitola in questa parola:* **Amerai il tuo prossimo come te stesso**: Es 20,13-17; Dt 5,17-21; Lev 19,18

Con la lettura e citazione di questi testi, Paolo espone la funzione unificante dell'amore. *L'agàpe* è il tema fondamentale della paraclesi. Cita quattro comandamenti tratti dalla cosiddetta II Tavola, che considera i doveri non verso Dio ma verso i propri simili, benché, allo stile

---

[9] Agostino, *Alcune questioni sulla Lettera ai Romani*. PL Migne XXXV, Liber unus, Paris 1902, 2083, [71].

personale suo, non esattamente secondo la loro elencazione originale. È sorprendente che quello che sarebbe il "primo" comandamento (cioè il principale) non compare affatto. L'operazione originalissima di Paolo è di sintetizzare nel solo Lev 19,18 tutta quanta la Legge.

Il Crisostomo commenta questo versetto:

> Infatti l'amore è principio e fine della virtù [...]. Paolo non esige qui solo l'amore, bensì un amore appassionato. Infatti non ha detto semplicemente: *Ama il prossimo tuo*, ma ha aggiunto: *come te stesso*. Anche Cristo stesso diceva che da questo dipendono sia la legge, sia i profeti (cfr. Mt 22,39)[10].

Con il v. 10 si chiude la pericope sull'amore, breve, enunciando due principi di fondo: "una pienezza intesa non come osservanza operativa, ma come una totalità come sostanza dell'insieme della Legge"[11]. La Legge si perfeziona e si realizza nell'ottica dell'amore. L'amore "è l'inizio e la fine della virtù, la quale ha questa radice, questo contenuto, questo culmine": S. Giovanni Crisostomo (PG 60, 619). Se c'è amore nel cuore per il prossimo, e quest'amore è sincero, tutta la Legge è compiuta. Invece, la mancanza della carità non si può riempire con niente. Se manca l'amore, tutte le prescrizioni e comandamenti non saranno sufficienti per arrivare a una vita veramente cristiana, cioè per piacere il Signore.

Sono conosciute le parole di S. Giovanni evangelista, conservate dalla tradizione raccolta da S. Girolamo, quando lui ormai già anziano, ripeteva sempre: "Figlioli, amatevi gli uni agli altri". I discepoli e fratelli, stanchi già di sentire ripetutamente lo stesso, le chiesero: "Maestro, perché ripetere sempre questo?" Ed egli rispose una frase molto sua: "Perché è il precetto del Signore, e se viene osservato, è sufficiente"[12].

Sulla legge dell'amore, Agostino scrive:

> La regola dell'amore consiste nel volere che i beni che vengono a noi vengano anche all'altro e nel non volere che capitino all'altro i mali che non vogliamo che capitino a noi stessi (cfr. Tb 4,16), e nel conservare questa disposizione d'animo verso tutti gli uomini. Nei confronti di nes-

---

[10] Giovanni Crisostomo, *Omelie su Romani* 23,3-4. Migne PG 60.
[11] Cfr. R. Penna, *Lettera ai Romani*, op. cit., 909.
[12] G. Crisostomo, *In Epistulam ad Galatas*, 6,10 (PL 26,462).

suno infatti va compiuto il male, e *l'amore non fa nessun male al prossimo*. Amiamo dunque, come ci è stato comandato, anche i nostri nemici (cfr. Mt 3,44), se vogliamo essere veramente invincibili. Nessun uomo è invincibile per se stesso, ma per quella immutabile legge per la quale solo coloro che la rispettano sono liberi [...][13].

Parole che si possono completare con quelle della Lettera ai Filippesi: *... ciascuno di voi, con tutta umiltà, consideri gli altri superiori a se stesso, senza cercare il proprio interesse, ma anche quello degli altri* (2,3b-4).

I forti e i deboli nella fede: 14,1-13

La nuova sezione comincia *ex abrupto*: da un discorso generale in 13,8-14 si passa improvvisamente a trattare un problema concreto: accogliere il debole. Sono i 'forti' a essere chiamati in causa. Paolo non si rivolge mai direttamente al cosiddetto 'debole' ("il debole nella fede"). Si tratta di un richiamo a una dimensione essenziale dell'esistenza cristiana: tutti apparteniamo al Signore, in vita e in morte, con una prospettiva sull'ultimo giudizio. Paolo prende posizione come credente e teologo.

14,11: *Io vivo, dice il Signore:* Is 49,18; 45,23
   ogni ginocchio si piegherà davanti a me
   e ogni lingua renderà gloria a Dio.

Combinazione di due testi isaiani: 49,18 (semplice formula di giuramento, che conferisce autorità alle parole che seguono) e 45,23b. La formula introduttiva tenta di sottolineare una dichiarazione, e conferisce autorità alle parole susseguenti. Piegare le ginocchia e proclamare con la voce l'unicità e grandezza di Dio significa evitare ogni forma d'idolatria. Siamo di fronte a un atto di omaggio e di acclamazione a Dio come unico Signore del mondo.

15,3: *Gli insulti di chi ti insulta ricadano su di me* Sal 69,10

L'Apostolo ci presenta davanti l'esempio di Cristo, connotato dall'esclusione di ogni autocompiacimento. Sembra trovarsi qui una pre-

---

[13] AGOSTINO, La vera religione 40,87. PL, Città Nuova, Roma 1995.

comprensione di tipo giovanneo (*Non cerco la mia volontà, ma la volontà di colui che mi ha mandato*: Gv 6,38). Altri pensano che si riferisca piuttosto al momento della passione e morte, per la menzione di "Cristo", legato normalmente allo schema della morte-risurrezione. Ancora si può pensare a Eb 12,1-2: *Anche noi [...] corriamo con perseveranza [...] tenendo lo sguardo su Gesù [...], il quale, in cambio della gloria che gli era posta innanzi, si sottopose alla croce disprezzandone l'ignominia.* In ogni modo, Cristo ha un valore paradigmatico, nella sua condotta, e viene proposto come un modello di rinuncia ad ogni pretesa egoistica. Il versetto paolino ricorda il testo isaiano: *Eppure egli si è caricato delle nostre sofferenze, si è addossato i nostri dolori* (Is 53,4).

Paolo riporta il testo del salmo 68,10b dalla LXX, riconosciuto dagli esegeti come messianico. Questo è l'unico caso nelle sue lettere, in cui Paolo trae una citazione biblica a proposito della passione di Gesù. Il salmo è addotto come un commento del comportamento di Cristo, che sembra appropriarsi di un testo veterotestamentario, pronunciandolo lui personalmente, così che le sue parole incoraggino i cristiani nella loro lotta della vita. Paolo prende l'occasione della citazione del salmo per ricordare la consolazione che deriva al cristiano proprio dalla Scrittura.

Rom 15,7-13 può considerarsi come una *peroratio*, una summa dei temi della Lettera.

15,9: *Per questo ti loderò fra le genti e canterò inni al tuo nome*	Sal 18,50; 2Sam 22,50
15,10: *Esultate, o nazioni, insieme al suo popolo*	Dt 32,43
15,11: *Genti tutte, lodate il Signore; i popoli tutti lo esaltino*	Sal 117,1
15,12: *Spunterà il rampollo di Jesse, colui che sorgerà a governare le nazioni: in lui le nazioni spereranno*	Is 11,10

Questa ultima citazione non è come le anteriori, il cui contenuto è un invito. Qui abbiamo piuttosto una promessa, che contempla anche "le nazioni". L'importante, per Paolo, è che "colui che sorgerà" è il Risorto, l'Innalzato, che ha assunto la sua sovranità ed è la speranza di tutti i popoli. In Cristo si compiono tutte le promesse.

Sembra che Paolo colloca i suoi fattori decisivi alla fine della Lettera (un "florilegium", dice Hays[14]), per svelare esplicitamente la sua visione di una chiesa conformata da giudei e gentili che glorificano Dio insieme. Le citazioni sono prese dal Pentateuco (1), dai Profeti (1), dagli Scritti (2), tutte tenute insieme per la parola chiave, come *slogan*, il concetto di *ethne*. La derivazione dai tre settori della Scrittura, cioè dalla Torah, dai Profeti e dagli Scritti potrebbe significare l'importanza del tema delle genti in rapporto con Israele, in tutto il canone. In tutte le citazioni ha un luogo di primo ordine il tema della gioia: cantare, rallegrarsi, sperare. L'ultima menzione ha una risonanza cristologica, e può essere un eco di 1,2 a proposito del "Vangelo di Dio", promesso mediante i profeti nelle sante Scritture.

In tutte e due le citazioni dei Salmi, il riferimento è non solo ai gentili, ma anche alla misericordia di Dio, che è in relazione alla lode di Dio fra i gentili. Solo la prima citazione è formulata al singolare. È Paolo che prende questa prima persona? Il salmo è un canto di ringraziamento, per la liberazione dalle mani dei nemici. Per Paolo, il soggetto della celebrazione sono le genti, come destinatari della misericordia divina, inaspettata. La LXX parla di un'associazione delle genti a Israele nello stesso canto di lode, mentre il TM considerava Israele in primo piano, e le genti erano semplicemente invitate a rendere un tributo di lode. Perciò Paolo addotta il testo della LXX, e "riprende la stessa metafora di una gioiosa comunanza corale"[15].

La citazione dal Dt 32,43 aggiunge un elemento cruciale: *Esultate, o nazioni,* **insieme al suo popolo**: i gentili non rimangono più fuori, ma sono convocati alla lode insieme a Israele. Il testo Ebraico diceva: "gentili, lodate il suo popolo", molto diverso di quello che legge Paolo nella LXX: Mosè, nel canto climatico, alla fine del Deuteronomio, include i gentili nella compagnia del popolo di Dio[16]. Il testo di Isaia 66,10 potrebbe leggersi bene in questo contesto: *Rallegratevi con Gerusalemme, esultate per essa quanti la amate.* Sembra che troviamo qui

---

[14] R. HAYS, *Echoes*, op. cit., 71.

[15] R. PENNA, *Lettera ai Romani*, op. cit., 1017.

[16] Su questo punto, cfr. R. HAYS, *Echoes*, op. cit., 72-73. In quest'ultima pagina, l'autore aggiunge: "Similmente, il testo finale nella catena di Paolo prevede una riunione di gentili e giudei attorno al Messia".

un'inversione, un'anomalia, rispetto al modo di argomentare paolino, cioè i gentili vengono prima.

Nel v. 11 Paolo si dirige solo alle genti. Il suo pensiero è sulla lode offerta a Dio dai gentili. La ripetizione dell'aggettivo ("tutte"…"tutti") viene a rinforzare la prospettiva universalistica. La catena biblica si chiude nel v. 12 con un testo profetico. L'intenzione di Paolo è di mostrare che la Scrittura aveva profetizzato l'inclusione dei gentili in una sola comunità e questa glorifica Dio per le sue opere compiute in Cristo Gesù. Comunque in questo versetto non si parla più di esultanza o di lode, bensì di una soggezione delle genti alla "radice di Jesse". Il riferimento a Cristo come discendente di Davide è più tenue rispetto a ciò che aveva detto in 1,3b (che riportava una confessione di fede giudeo-cristiana).

Il tema che chiude la catena di citazioni bibliche è quello della speranza messianica, cioè la prospettiva di un vincolo dei gentili con il Messia.

15,7-13: La sezione parenetica, che era iniziata con la *propositio* in 12,1-2, giunge qui alla sua conclusione. Paolo ritiene importante dire che la comunità cristiana è composta di giudei e di gentili, i quali insieme glorificano Dio in una comune esultanza di lode.

Abbiamo qui un'unità letteraria a sé stante, dal punto di vista formale e contenutistico. La tonalità veterotestamentaria dell'insieme suppone che i destinatari di Rom abbiano una buona conoscenza delle Scritture di Israele. È molto interessante notare, da quanto si può concludere da questo testo, che la comunità cristiana è una composizione di "diversi", sia di forti e di deboli, sia soprattutto di giudei e di gentili. Si può sentire tra le righe un'atmosfera di missionarietà[17]. Il v. 13, che conclude le esposizioni di Rom 14 e 15,1-13, invoca al "Dio della speranza". Cipriani, nel suo commento, a proposito di questo testo, scrive:

> Questo versetto (13), che conclude il lungo invito alla carità e alla pace fraterna, è anche un meraviglioso riepilogo del tema dottrinale di tutta la lettera. L'unica "speranza" di salvezza, che tutti gli uomini (sia giudei che pagani) hanno, è la fede in Cristo, "giustizia di Dio"[18].

---

[17] Cfr. R. Penna, *Lettera ai Romani*, op. cit. 1008.
[18] S. Cipriani, *Le Lettere di Paolo*. Cittadella Editrice, Assisi 1965, 490.

È senza dubbio interessante notare i termini liturgici con cui Paolo parla della sua attività apostolica: *hierorgounta*, per connotare la predicazione del Vangelo; i convertiti sono "oblazione" sacra, "santificata". Così, l'attività apostolica diventa una vera liturgia, in cui lo scopo è la consacrazione a Dio dell'umanità, un'umanità che celebrerà il suo culto in una vita di carità fraterna. In Flp 2,17 abbiamo il testo di Paolo, dove paragona la sua attività a una *libagione versata sopra il sacrificio e l'offerta della fede* dei suoi cristiani.

15,21: *Coloro ai quali non era stato annunciato, lo vedranno,*   Is 52,15
      e coloro che non ne avevano udito parlare, comprenderanno.

La citazione di Isaia, parte del quarto canto del Servo (52,13-53,12), offre a Paolo un fondamento al suo criterio missionario. L'accento è posto sull'enunciazione negativa, ed è quello che Paolo voleva dire: egli si rivolge a coloro che non avevano sentito parlare di Cristo. Il modo di procedere di Paolo non nasce da arroganza, ma è obbedienza a una volontà divina. Il pronome *autòs* del testo biblico si riferisce a Cristo. C'è una somiglianza fra il Servo e l'Apostolo in quanto ambidue sono stati scelti fin dal seno di sua madre (cfr. Is 49,1; Gal 1,15). Nella citazione di Isaia, la cristologia non è al primo piano, dove si trova piuttosto la prospettiva universale della missione di Paolo.

Conviene notare l'immagine che Paolo utilizza per parlare sulla preghiera: una "lotta" preso Dio, e una lotta "insieme", cioè comunitaria. In Col 4,12 Paolo scrive che egli "sta continuamente lottando per voi nelle sue preghiere".

Sintesi della 4a. Sezione:

Al termine della Lettera, Paolo presenta fattori decisivi per esporre la sua visione di una chiesa conformata da giudei e gentili che glorificano Dio insieme. Le citazioni sono prese dal Pentateuco, dai Profeti, dagli Scritti, tenute insieme per la parola chiave, *ethne*. La derivazione dai tre settori della Scrittura (la Torah, i Profeti e gli Scritti) potrebbe significare l'importanza del tema delle genti in rapporto con Israele, in tutto il canone. È notabile, nelle citazioni, il tema della gioia: cantare, rallegrarsi, sperare.

Diversamente alla 3a. Sezione, in cui c'è un ampio uso dell'AT, in quest'ultima invece si vede che Paolo non fonda l'etica cristiana sui passi della Torah, con eccezione di Lev 19,18 circa l'amore fraterno. Troviamo qui 12 citazioni: 5 dei Sapienziali (dei quali 3 dei Salmi), 3 dal Pentateuco, 4 dei Profeti (tutti da Isaia).

Il giusto vivrà mediante la fede

CONCLUSIONE: Rom 15,14-16,27
Notizie, raccomandazioni, saluti

Finita l'esposizione dottrinale, tanto lunga, prende Paolo un discorso dai toni assai personali. In primo piano appaiono aspetti vari dei vicendevoli rapporti tra l'apostolo stesso e i romani. E possiamo leggere una comunicazione di confidenze, progetti, timori, richieste e preghiere, una raccomandazione, e tanti saluti distribuiti su molte persone riferiti a diversi collaboratori. La nuova sezione ha un parallelo con il ringraziamento post-protocollare dell'inizio (cfr. 1,8-15) e insieme ad esso costituisce la vera cornice epistolare di Romani. Abbiamo qui un contributo autobiografico di primo ordine.

Adesso Rom diventa "lettera" più che "epistola", di cui il tessuto non è di preoccupazioni espositive di tipo teorico-sistematico. Ci troviamo piuttosto con uno scritto di accenti familiari caldi e concreti. Non è solo un epilogo, neppure un normale *post-scriptum*. È quasi una lettera a sé stante, un testo arricchito da informazioni preziose: per la biografia di Paolo, per comprendere meglio la sua metodologia apostolica, e la composizione di genere maschile-femminile della primitiva comunità cristiana.

Come un problema a parte, abbiamo la discussione sull'*ipotesi efesina del cap. 16.* Già dal S. XIX si pensava che Rom 16 sarebbe in realtà una lettera diversa, indirizzata alla Chiesa di Efeso e poi finita redazionalmente in Rom. Più recentemente però gli specialisti appoggiano l'autenticità "romana" del cap. 16, considerando la concordia della tradizione manoscritta[1]. È opinione comune che la dossologia non ap-

---

[1] Cfr. a questo riguardo R. PENNA, *Lettera ai Romani,* op. cit., 1026. In 16,7 si menziona a "Giunia", e alcuni hanno pensato a una donna "apostola", ma Schlier opina che potrebbe trattarsi di uno schiavo o un liberto, come fa pensare il nome completo *Junianus*: cfr. *La lettera ai Romani,* op. cit., 710.

partenga all'originaria lettera, per la sua collocazione incerta nei manoscritti e perché termina in un anacoluto.

Riflessione finale

Alla fine di questo percorso, possiamo apprezzare più chiaramente l'enorme sostegno, stimolo e ispirazione che offre la Lettera paolina, per la vita di ogni credente. Già Fitzmyer aveva scritto: "L'Epistola di Paolo ai Romani, se è letta criticamente ma anche meditativamente, è una forza tremenda per la preghiera e la riflessione sulla condizione umana e la relazione del cristiano a Dio"[2]. Dopo la lettura attenta di questo testo paolino, sicuramente avremmo sperimentato, come Lutero, la sorpresa e la gratitudine, illuminati dalla luce che si accende in noi al suo contatto, ma anche il desiderio di approfondire ancora nel Mistero contenuto nelle sue righe, e di nutrirci della sua ricchezza.

Con la consapevolezza di essere stati riconciliati con Dio, giustificati e chiamati a vivere nella libertà dei figli, cioè guidati dallo Spirito, possiamo avere anche la coscienza di essere chiamati a partecipare nella stessa missione paolina. La passione missionaria di Paolo potrà infiammare il nostro essere credente, e coinvolgere la nostra vita nel suo stesso impegno. Il Signore della storia, Colui che chiamò Paolo, chiama anche noi, a rendere testimonianza dello stesso Vangelo, nelle difficili situazioni del mondo di oggi, bisognoso, ferito, mondo che rimane in attesa del *messaggero di buone novelle*, della voce che porta la speranza in un futuro nuovo, del conforto dello Spirito, che continua a far sentire il suo gemito musicale nel nostro cuore: *Abbà, Padre.*

---

[2] "Paul's Epistle to the Romans, if read critically yet meditatively, is a tremendous source for prayer and reflection on the human condition and about the Christian's relationship to God": J. Fitzmyer, *Spiritual Exercises Based on Paul's Epistle to the Romans*. New York/Mahwah: Paulist 1995, 3.

BIBLIOGRAFIA

AGOSTINO, Sant', *De spiritu et littera* XI, 18. PL XLIV, 211.

_____, *La vera religione*. PL, Roma: Città Nuova, 1995; 40,87.

_____, *Alcune questioni sulla Lettera ai Romani*: PL XXXV, Migne, Liber Unus, Paris 1902.

_____, *Commento al Vangelo di Giovanni*. PL III, Migne, Paris 1902.

_____, *La Città di Dio* 16,27, en: *La Bibbia commentata di Padri. Romani*. A cura di Gerald Bray, ed. Città Nuova, Roma 2006.

ALETTI, S. J. J.-N., *La Lettera ai Romani. Chiavi di lettura*. Borla, Roma 2011.

_____, *Eclesiología de las Cartas de san Pablo*. Verbo Divino, Estela (Navarra) 2010.

_____, M. GILBERT, J.-L. SKA, S. de VULPILLIERES, *Lessico Ragionato dell'Esegesi Biblica*, Queriniana, Brescia 2006.

ANSELM, Saint, *Méditation sur la psaume 50*. PL 158, 829.

BARTH, K., *L'Epistola ai Romani*. Feltrinelli, Milano 1962 (Orig. *Der Römerbrief*. Zurich 1954).

BARBAGLIO, G., *La teologia di Paolo*. EDB, 1999.

BARCLAY, W., *Letter to the Romans*. The Saint Andrew Press, Edinburg 1972.

BARUC SIRIACO: P. BOGAERT, *L'Apocalypse Syriaque de Baruc*. Paris, Cerf, 19 (di J. Hadot – 1971).

BELLI, F., *Argumentation and Use of the Scripture in Romans 9-11*. Analecta Biblica 183, GBP, Roma 2010.

BIBBIA TOB, Nuova traduzione CEI, ed. Elledici 2008.

BROWNSLEE, W. H., *The Dead Sea Manual of Discipline: Translation and Notes*. BASORSup 10-12 (New Haven: American School of Oriental Research, 1951).

CAMPBELL, W. S., "The Freedom and Faithfulness of God in Relation to Israel", in: *JSNT* 13 (1981) 27-45.

CIPRIANI, S., *Le Lettere di Paolo*. Cittadella, Assisi 1965.

CLEMENT, O., *La Grazia della Resurrezione*. Mondadori, Milano 1016 (orig. *Joie de la Résurrection*).

CRANFIELD, E. B., *A Critical and Exegetical Commentary on the Epistle to the Romans*. 2 Vols ICC, Edinburg: T&T Clark 1975.

_____, "Some Observations on Rom 8,19-21", in: *Reconciliation and Hope: New Testament Essays on Atonement and Eschatology Presented to L. L. Morris on His 60th Birthday*. Ed. R. Banks, Grand Rapids: Eerdmans, 1974.

CHRYSOSTOM, J., "Homilies", in: *Niceno and Post-Nicene Fathers*. T&T Clark, 1886-1900.

_____, *In Epistulam ad Galatas*. PL 26.

_____, *In Epistulam ad Romanos. Homilia 23,3-4*. Migne, PG T. 60.

DONFRIED, K. P., *The Roman Debate*. Edinburgh: T & T Clark, 1991.

DUNN, J., *Romans 1-8*. Word Books, Dallas Tx 1988.

_____, *Romans 9-16*. Word Critical Commentary 38B. Word Books, Dallas Tx 1988.

FITZMYER, J., *Spiritual Exercises Based on Paul's Epistle to the Romans*. New York/Mahua, Paulist 1955.

_____, *Romans: A New Translation with Introduction and Commentary*. AB, New York: Doubleday 1993.

FLICK, M., "Lo stato di peccato originale", in: *Gregorianum* XXXVIII, 1957, 299-309.

GRENHOLM, C., PATTE, D., *Reading Israel in Romans*. Trinity Press International 2000.

GRILLI, M., *Una Bibbia, due Testamenti*. San Paolo, Cinisello Balsamo (MI) 2010.

HAYS, R., *Echoes of Scripture in the Letters of Paul*. Yale University Press, New Haven & London, 1989.

HOLLANDER, J., *The Figure of Echo. A Mode of Allusion in Milton and After*. Berkeley, University of California Press, 1981.

KOCH, D. A., *Die Schrift als Zeuge des Evangeliums: Untersuchungen zur Verwendung und zum Verständnis des Schrift bei Paulus*. Tübingen: Mohr, 1986.

LIBRO DEL PUEBLO DE DIOS. San Pablo, Madrid 1998.

LONGENECKER, R. N., *The Epistle to the Romans*. NIGHT, Eerdmans, Grand Rapids, Michigan 2016.

_____, *Introducing Romans. Critical Issues in Paul's Most Famous Letter*. Eerdmans, Grand Rapids, Michigan 2011.

_____, *Paul, Apostle of Liberty*. Grand Rapids (MI), Eerdmans, New York 2015.

LUTERO, M., *La Lettera ai Romani (1515-1516)*. A cura di Franco Buzzi, Edic. Paoline, Torino 1991.

_____, *Luther's Works*. St. Louis: Concordia Publishing House. Philadelphia: Fortress Press, 1955-1986.

LYONNET, S., *Les étapes du l'histoire du salut selon l'épitre aux Romains*, Cerf, Paris 1969.

MAGGIONI, B., *Un tesoro in vasi di coccio*. Vita e pensiero, Milano 2005.

_____, *Il Dio di Paolo*. Ed. Paoline, Milano 2008.

MANSON, T. W., *On Paul and John*. London: SCM 1963.

ORIGENE, *Commento alla Lettera ai Romani*. Traduzione a cura di Francesca Cocchini, Marietti, Casale Monferrato 1985.

PENNA, R. , *Lettera ai Romani*. EDB, Firenze 1010.

_____, *Paolo e la Chiesa di Roma*. Paideia, Brescia 2009.

PITTA, A. *Lettera ai Romani*. Edic. Paoline, Milano 2009.

SANDERS, E. P., *Paul and Palestinian Judaism*. SCM Press Ltd, London 1977.

SCHLIER, H., *La Lettera ai Romani*. Brescia: Paideia 1982 (orig.: *Der Römerbrief. Kommentar*. HTKNT, Herder, Freiburg 1977).

STANLEY, C. D., *Paul and the Language of Scripture. Citation Technique in Pauline Epistles and Contemporay Literature*. (SNTS Ms 69) Cambridge 1992.

WILCKENS, U., *Der Brief an die Römer*. Benziger Verlag, Neukirchener Verlag, Zürich 1978.

WRIGHT, N. T., *The Climax of the Covenant: Christ and the Law in Pauline Theology*. T & T Edinburg 1991.

_____, "The Letter to the Romans", in: *The New Interpreter's Bible*, Vol. X. Abindgon Press, Nashville 2002.

INDICE